很美很美的世界诗歌

李金水　李慧泉——编著

台海出版社

图书在版编目（CIP）数据

很美很美的世界诗歌 / 李金水, 李慧泉编著. -- 北京：台海出版社, 2018.8

ISBN 978-7-5168-1987-6

Ⅰ.①很… Ⅱ.①李… ②李… Ⅲ.①诗歌欣赏－世界 Ⅳ.①I106.2

中国版本图书馆CIP数据核字（2018）第147926号

很美很美的世界诗歌

编　　著：李金水　李慧泉

责任编辑：刘　峰　贾凤华　　　　装帧设计：MM末末美书
版式设计：阎万霞　　　　　　　　责任印制：蔡　旭

出版发行：台海出版社
地　　址：北京市东城区景山东街20号　邮政编码：100009
电　　话：010－64041652（发行，邮购）
传　　真：010－84045799（总编室）
网　　址：www.taimeng.org.cn/thcbs/default.htm
E － mail：thcbs@126.com

经　　销：全国各地新华书店
印　　刷：保定市西城胶印有限公司
本书如有破损、缺页、装订错误，请与本社联系调换

开　　本：150×210　1/32
字　　数：50千字　　　　　　　　印　张：6.5
版　　次：2018年8月第1版　　　　印　次：2018年8月第1次印刷
书　　号：ISBN 978-7-5168-1987-6

定　　价：32.00元

前　言

人生如诗，诗如人生。诗意的人生有情趣、有信仰。每一首诗歌，都表达一种与众不同的情感，其中便渗透着诗人对人生的体验，以及对世界的关照与思考。优雅美好的诗歌，震撼我们的心灵，启发我们妙悟人生的真谛。诗歌中那缠绵的爱情，那真挚的友情，那浓郁的乡情，无不情真意切，感人肺腑。

诗化的语言是一种带有音乐性的语言，有节奏，有韵律。诗人将自己的思想、情感、心声等，寄托于简短的言语中，通过优美曼妙的旋律传达给我们……

诗歌是文化殿堂的瑰宝，是人生智慧的结晶。我们在浩如烟海的全人类诗歌中，经过精心筛选，收录了众多名家名作。这些名家都是中外文学史上著名的诗人。所选诗歌或讴歌大自然，或歌咏爱情，或感叹人生，或尽情嬉戏于田园，或激发希望，或沉思城市喧嚣等。

其中每首诗歌都会给我们展示一个丰富的世界，它们如阳光和水浸透我们的生命，滋养我们成长。诵读本书既可提高我们对生活的感悟能力和对世界的认识，又可以帮助我们更好地了解中国文化和外域风情。

《很美很美的世界诗歌》中收录了近百篇中外美丽的诗歌。所选诗歌富有意境，语言精练。于短小篇章中，蕴含着丰富的思想内容，给人以美的享受，启迪心智，开阔胸襟。

在体例编排上，本书不少诗歌篇目设置了"诗人小传""品茗赏诗"小栏目，简明扼要地解析名作，引导读者准确、透彻地把握作品的思想内涵。我们真诚地期望，通过本书，能够让读者充分享受阅读的乐趣，进而启迪心智，提升文学素养、审美水准和人生品位，为自己的人生营造一方纯净的圣土。

阅读本书可以增加历史和文学的素养，开阔视野，陶冶情操；如果你是一位西方诗歌爱好者，阅读本书更可以欣赏佳译；如果你是一名文学爱好者，阅读本书则可以从优美的文字中感受自然，品味人生。

目 录

中国卷

外国卷

Zhongguo Juan

中国卷

关　雎 / 《诗经》

关关雎鸠，在河之洲。

窈窕淑女，君子好逑。

参差荇菜，左右流之。

窈窕淑女，寤寐求之。

求之不得，寤寐思服。

悠哉悠哉，辗转反侧。

参差荇菜，左右采之。

窈窕淑女，琴瑟友之。

参差荇菜，左右芼之。

窈窕淑女，钟鼓乐之。

诗歌全译

关关鸣叫雎鸠鸟，栖居河中小沙洲。

美丽贤淑好姑娘，正是君子之佳偶。

长短不一青荇菜，姑娘忙着寻觅你。

美丽贤淑好姑娘，我在日夜追寻你。

苦苦追寻难得到，让我日思又夜想。

思念绵长难断绝，翻来覆去不成眠。

长短不齐青荇菜，姑娘忙着采摘你。

美丽贤淑好姑娘，弹琴鼓瑟亲近她。

长短不齐青荇菜，姑娘忙着拔取你。

美丽贤淑好姑娘，敲钟击鼓打动她。

关于《诗经》

  《诗经》，中国第一部诗歌总集，汇集了从西周初年到春秋中期500多年间的305篇诗歌，有很高的艺术成就。其中诗篇风格朴实自然，语言生动优美、和谐流畅，多用叠字、双声、叠韵等，富有音韵之美。《诗经》中脍炙人口的优美诗句很多，如"窈窕淑女，君子好逑""执子之手，与子偕老"等。

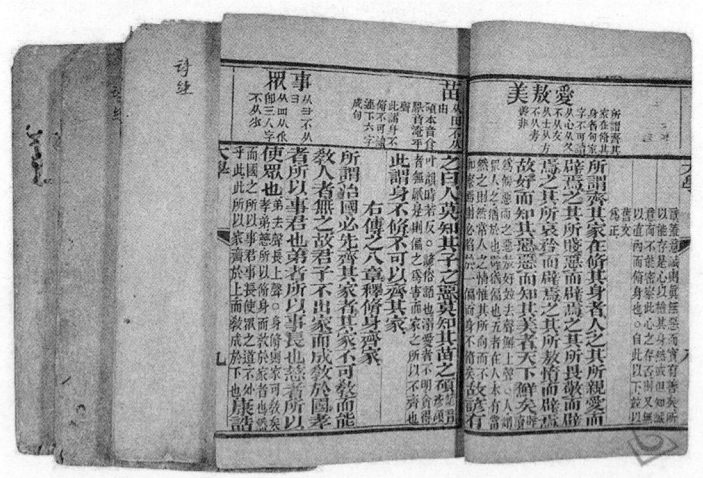

《诗经》书影

品茗赏诗

这首诗以一位年轻男子的口吻，借用雎鸠亲昵相伴的景象，热情地表达了自己对一位窈窕美丽、贤淑敦厚的采荇女子的热恋和追求，表达了对与她相伴相随的仰慕与渴望，感情浓郁而真挚，悠悠的欣喜，淡淡的哀伤，展现了古人男女之情的率真与灵动。

湘夫人 / 屈原

帝子降兮北渚，目眇眇兮愁予。

袅袅兮秋风，洞庭波兮木叶下。

登白薠兮骋望，与佳期兮夕张。

鸟何萃兮苹中，罾何为兮木上？

沅有芷兮醴有兰，思公子兮未敢言。

荒忽兮远望，观流水兮潺湲。

麋何食兮庭中？蛟何为兮水裔？

朝驰余马兮江皋，夕济兮西澨。

闻佳人兮召予，将腾驾兮偕逝。

筑室兮水中，葺之兮荷盖。

荪壁兮紫坛，播芳椒兮成堂。

桂栋兮兰橑，辛夷楣兮药房。

罔薜荔兮为帷，擗蕙櫋兮既张。

白玉兮为镇，疏石兰兮为芳。

芷葺兮荷屋，缭之兮杜衡。

合百草兮实庭，建芳馨兮庑门。

九嶷缤兮并迎，灵之来兮如云。

捐余袂兮江中，遗余褋兮澧浦。

搴汀洲兮杜若，将以遗兮远者。

时不可兮骤得，聊逍遥兮容与。

诗歌全译

湘夫人降于北洲之上，我已望眼欲穿忧愁满怀。

阵阵清爽的秋风吹来，洞庭翻波浪树叶也飘落。

登上开满野花的高地远望，与她定好约会准备晚宴。

为何鸟儿聚集在水草间，为何渔网悬挂在大树颠？

沅水有白芷澧水有幽兰，眷念湘夫人却不敢明言。

极目远眺一片空阔苍茫，眼前只见清澈流水潺潺。

为何山野麋鹿觅食于庭院，为何深渊蛟龙搁浅在水边？

早晨我还策马奔驰于江边，傍晚就渡水到了西岸。

听到美人把我召唤，真想立刻驾车与她一同远去。

在水中建一座别致的宫室，上面用荷叶覆盖并遮掩。

用香荪抹墙紫贝装饰中庭，在厅堂把香椒粉撒满。

以玉桂作梁、木兰为椽，用辛夷造门楣、白芷饰房间。

编织好薜荔做一个帐子，再把蕙草张挂在屋檐。

拿来白玉镇压坐席，摆开石兰芳香四散。

白芷修葺的荷叶屋顶，有杜衡草四边绕缠。

汇集百草铺满整个庭院，让门廊之间香气弥漫。

九嶷山的众神一起相迎，他们簇拥而来如白云。

将我衣袖投入湘江中，把我单衣留在澧水边。

从水中的绿洲采来杜若，要把它送给远方的人儿。

欢乐时光难以轻易得到，姑且一同欢乐自在。

屈原像

诗人小传

屈原（前340至前278），名平，字原，战国末期楚国贵族。早年深得楚怀王信任，任楚国左徒、三闾大夫，颇有作为。但后来受人谗毁与排挤，逐渐失宠。公元前305年，屈原因反对与秦国结盟，被流放汉北。屈原创立了"楚辞"这种文体，开创了中国浪漫主义诗歌"香草美人"的传统。其作品中洋溢着对楚地的眷恋和报国的热情，代表作品有《离骚》《九章》《九歌》《天问》等，文字华丽，想象奇特，比喻新奇，内涵深刻，成为中国文学的起源之一。公元前278年，秦破楚，屈原在绝望和悲愤下投汨罗江而死。现在的"端午节"就是人们用来纪念他的。

品茗赏诗

　　据传湘君和湘夫人是湘水的配偶神。这首诗描写了湘君和湘夫人的爱情生活，实际上是恋爱生活片段。诗题虽是湘夫人，可全诗都是湘君的口吻。主要是写湘君在约会地点没有等到湘夫人的时候，感情的起伏和一系列的心理活动。写的是神的生活，流溢出来的却是人的情味。全诗情节虽然简单，但内蕴丰富，感情强烈，具有很高的艺术性，耐人寻味。这首诗的境界和思想有很多颇难琢磨的地方，需要反复诵读，反复体会，反复推敲。

詩和遠方

迢迢牵牛星 / 《古诗十九首》

迢迢牵牛星，

皎皎河汉女。

纤纤擢素手，

札札弄机杼。

终日不成章，

泣涕零如雨。

河汉清且浅，

相去复几许。

盈盈一水间，

脉脉不得语。

关于《古诗十九首》

《古诗十九首》，组诗名，南朝梁"昭明太子"萧统辑录，乐府古诗文人化的显著标志。这些诗歌深刻地再现了文人在汉末社会思想大转变时期，追求的幻灭与沉沦，心灵的觉醒与痛苦。其语言朴素自然，描写生动真切，浑然天成。其所抒发的，是人生最基本、最普遍的几种情感和思绪，古往今来常读常新。

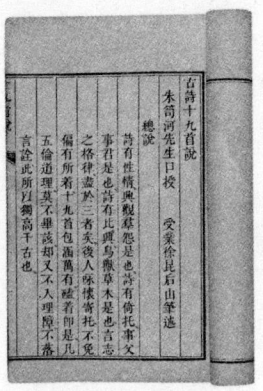

《古诗十九首》书影

品茗赏诗

此诗写天上的牵牛星和织女星，视点却在地上，从第三者的角度观察牵牛和织女。开头两句，牵牛"迢迢"，织女"皎皎"，形容这对有情人的距离十分遥远，从而使诗拓展为一曲为天下不能相聚的有情人而作的悲歌。"纤纤素手"则从一个侧面描写织女的美貌，然而这青春美貌却无法为爱人所欣赏，只能空耗在枯燥无味的劳作之中，从另一方面增强了离别之苦。最后四句是诗人的慨叹。那阻隔了牵牛和织女的银河既清且浅，牵牛与织女相隔也并不远，但就是这一水之隔却使有情人相视而不得语，其中的无奈之情难以言尽。

诗·和·远方

短歌行 / 曹操

对酒当歌，人生几何！

譬如朝露，去日苦多。

慨当以慷，忧思难忘。

何以解忧？唯有杜康。

青青子衿，悠悠我心。

但为君故，沉吟至今。

呦呦鹿鸣，食野之苹。

我有嘉宾，鼓瑟吹笙。

明明如月，何时可掇？

忧从中来，不可断绝。

越陌度阡，枉用相存。

契阔谈宴，心念旧恩。

月明星稀，乌鹊南飞。

绕树三匝，何枝可依？

山不厌高，海不厌深。

周公吐哺，天下归心。

诗人小传

曹操（155-220），字孟德，小字阿瞒，沛国谯县（今安徽亳州）人。东汉末年杰出的政治家、军事家和文学家。政治方面，他消灭了北方的众多割据势力，统一了中国北方，并实行一系列较为进步的政策，恢复经济生产和稳定了社会秩序。文化方面，在曹操父子的推动下，形成了以曹氏父子（曹操、曹丕、曹植）为代表的建安文学，史称"建安风骨"，在文学史上留下了光辉的一笔。

曹操像

品茗赏诗

这首《短歌行》是曹操言志诗的名作。全诗通过对时光易逝、贤才难得的再三咏叹，表达了自己求贤若渴的心情，表现出自强不息的进取精神和一统天下的雄心壮志。曹操的诗歌，气韵沉雄，质朴简洁，大巧若拙。钟嵘《诗品》说："曹公古直，颇有悲凉之句。"这首诗气魄雄伟，想象丰富，古朴自然，慷慨悲凉，正是典型的曹氏风格。

诗和远方

归园田居 / 陶渊明

其一

少无适俗韵，性本爱丘山。

误落尘网中，一去三十年。

羁鸟恋旧林，池鱼思故渊。

开荒南野际，守拙归园田。

方宅十余亩，草屋八九间。

榆柳荫后檐，桃李罗堂前。

暧暧远人村，依依墟里烟。

狗吠深巷中，鸡鸣桑树颠。

户庭无尘杂，虚室有余闲。

久在樊笼里，复得返自然。

诗人小传

陶渊明（约365-427），字元亮，号五柳先生，世称靖节先生，入刘宋后改名潜。东晋末期南朝宋初期诗人、辞赋家、散文家，被认为是两汉魏晋南北朝800年最杰出的诗人之一。曾做过几年小官，后辞官回家，从此隐居。陶诗今存125首，计四言诗9首、五言诗116首。陶文今存12篇，计有辞赋3篇、韵文5篇、散文4篇。田园生活是陶渊明诗的主要题材，相关作品有《饮酒》《归园田居》《桃花源记》《五柳先生传》《归去来兮辞》《桃花源诗》等。

陶渊明像　　　　　　　　陶渊明嗅菊图

🍵品茗赏诗

自然才是心中的至爱，每个人都会为自己的自然留下一缕情丝。经过长期痛苦而疲惫的求索，诗人终于找到了与生以来便存在心中的那个情结。道路虽然曲折多艰，但毕竟还是寻找到了。桃李桑树，茅檐鸡犬，诗人在恬静闲适的生活中让自己的心灵安宁祥和下来。冲破樊篱，找回自我，优哉、游哉！

其二

野外罕人事，穷巷寡轮鞅。

白日掩荆扉，虚室绝尘想。

时复墟曲中，披草共来往。

相逢无杂言，但道桑麻长。

桑麻日已长，我地日已广。

常恐霜霰至，零落同草莽。

品茗赏诗

淳朴的民风，单纯的人际关系，让诗人的心灵如鱼得水，在这里，拥有的只是愉悦和宁静。此时的诗人已经不再是文人，而将自己完全改造成一位农夫，"短褐穿结"的他所有喜悦与担心只同自己的农夫生活密切相关，拥有自然，也就拥有了自己的生命。

其三

种豆南山下，草盛豆苗稀。

晨兴理荒秽，带月荷锄归。

道外狭木长，夕露沾我衣。

衣沾不足惜，但使愿无违。

品茗赏诗

披星戴月，侍弄着自己那点儿"庄稼"，不去管收成如何，只要将自己放到泥地和作物之中，就已身心倍感愉悦了。农田那稀疏的庄稼，那萋萋的野草，那难行的田间小道，以及那冰凉爽净的露珠，都让诗人有种新鲜刺激的感觉，让他欣喜异常，这种感觉又是他生命的源泉。与世无争、自然恬静的生活让他完成自己生命的极乐体验。

詩和遠方

春江花月夜 / 张若虚

春江潮水连海平，海上明月共潮生。

滟滟随波千万里，何处春江无月明？

江流宛转绕芳甸，月照花林皆似霰。

空里流霜不觉飞，汀上白沙看不见。

江天一色无纤尘，皎皎空中孤月轮。

江畔何人初见月？江月何年初照人？

人生代代无穷已，江月年年只相似。

不知江月待何人，但见长江送流水。

白云一片去悠悠，青枫浦上不胜愁。

谁家今夜扁舟子？何处相思明月楼？

可怜楼上月徘徊，应照离人妆镜台。

玉户帘中卷不去，捣衣砧上拂还来。

此时相望不相闻，愿逐月华流照君。

鸿雁长飞光不度，鱼龙潜跃水成文。

昨夜闲潭梦落花，可怜春半不还家。

江水流春去欲尽，江潭落月复西斜。

斜月沉沉藏海雾，碣石潇湘无限路。

不知乘月几人归？落花摇情满江树。

诗人小传

张若虚（约647-约730），唐代诗人，生卒年、字号均不详。曾任兖州兵曹，其事迹略见于《旧唐书·贺知章传》。唐中宗神龙（705-707）年间，以文辞俊秀驰名京都，与贺知章、张旭、包融并称"吴中四士"。其诗仅有《春江花月夜》《代答闺梦还》两首传世。

张若虚像

品茗赏诗

《春江花月夜》，孤篇盖全唐，千古之绝唱；诗中的诗，顶峰上的顶峰。诗篇沿用乐府旧题，抒写真挚动人的离情别绪及富有哲理的人生况味，意境空明，缠绵悱恻，词清语丽，韵调优美，洗尽宫体诗的浓脂艳粉，给人澄澈自然之感。全诗36句，每4句一换韵，创造性地再现了江南春夜的景色，如同月光照耀下的万里长江画卷，同时寄寓着游子思妇的离别相思之苦，脍炙人口。

关山月 / 李白

明月出天山，苍茫云海间。

长风几万里，吹度玉门关。

汉下白登道，胡窥青海湾。

由来征战地，不见有人还。

戍客望边邑，思归多苦颜。

高楼当此夜，叹息未应闲。

诗人小传

李白（701-762），字太白，号青莲居士。盛唐伟大的浪漫主义诗人，人称"诗仙"。关于李白的出生地，一说他生于中亚西域的碎叶城（今吉尔吉斯斯坦境内），一说他生于绵州昌隆县（今四川江油县）的青莲乡。天宝初，入长安，贺知章视之为谪仙人，荐于唐玄宗，为待诏翰林。后漫游江湖间，永王李璘聘为幕僚。璘起兵，事败，白坐流放夜郎（在今贵州省）。中途遇赦，至当涂依附于族叔李阳冰，不久逝世。有《李太白集》。

李白像

品茗赏诗

　　这首诗描绘了边塞的风光，戍卒的遭遇，更深一层转入戍卒与思妇两地相思的痛苦。开头的描绘都是为后面作渲染和铺垫，而侧重写望月引起的情思。"关山月"是乐府旧题。《乐府古题要解》："'关山月'，伤离别也。"李白的这首诗，在内容上继承了古乐府，但又有极大的提高。戍客，指驻守边疆的战士。

将进酒 / 李白

君不见黄河之水天上来，奔流到海不复回。

君不见高堂明镜悲白发，朝如青丝暮成雪。

人生得意须尽欢，莫使金樽空对月。

天生我材必有用，千金散尽还复来。

烹羊宰牛且为乐，会须一饮三百杯。

岑夫子，丹丘生，将进酒，杯莫停。

与君歌一曲，请君为我倾耳听。

钟鼓馔玉不足贵，但愿长醉不复醒。

古来圣贤皆寂寞，惟有饮者留其名。

陈王昔时宴平乐，斗酒十千恣欢谑。

主人何为言少钱，径须沽取对君酌。

五花马，千金裘，呼儿将出换美酒，

与尔同销万古愁。

品茗赏诗

这首诗大概作于天宝十一年（752），当时诗人与友人岑勋在嵩山的另一好友元丹丘的颍阳山居做客，李白因感怀世事变化，自己功业无成而时间飞逝，于是写下这首诗，抒发自己内心的苦闷和旷达不羁而自信的情怀。"将"，读qiāng，"请"的意思。

詩和遠方
SHI

宣州谢朓楼钱别校书叔云 / 李白

弃我去者昨日之日不可留，

乱我心者今日之日多烦忧。

长风万里送秋雁，对此可以酣高楼。

蓬莱文章建安骨，中间小谢又清发。

俱怀逸兴壮思飞，欲上青天览明月。

抽刀断水水更流，举杯消愁愁更愁。

人生在世不称意，明朝散发弄扁舟。

品茗赏诗

此诗是天宝十二年（753），李白在宣州送别族叔李云时所作，是一首送别诗。诗人在表达离别之情的同时，借机一抒内心的愤懑不平，同时表达了对光明理想的执著追求。此诗一波三折，跌宕起伏，感情抑扬，表现了诗人对昏暗政治的不满。但诗歌的整体感情色彩，哀而不伤，豪迈放达。明人周珽评论说："厌世多艰，兴思远引，韵清气秀，蓬蓬起东海，蓬蓬起西海。异质快才，自足横绝一世。"

诗和远方

春夜喜雨 / 杜甫

好雨知时节，

当春乃发生。

随风潜入夜，

润物细无声。

野径云俱黑，

江船火独明。

晓看红湿处，

花重锦官城。

诗人小传

杜甫（712-770），字子美，自号少陵野老，巩县（今河南巩义）人。盛唐伟大的现实主义诗人，代表作有《春夜喜雨》《旅夜书怀》《登高》《石壕吏》《垂老别》等。他忧国忧民，人格高尚，诗艺精湛，在中国古典诗歌中的影响非常深远，被后世尊称为"诗圣"，他的诗则被称为"诗史"。杜甫与"诗仙"李白合称"李杜"。其诗歌约有1 500首传世。

杜甫像

☕ 品茗赏诗

上元二年（761）春，杜甫在成都浣花溪边的草堂中写下了这首五律。诗人通过对春夜落雨的描写，抒发了自己喜悦的心情。此诗处处流露着"喜"字，诗人从盼雨到听雨、看雨，最后到想雨，用细腻生动的诗笔描写了可亲的春雨形象，情趣盎然，充分表现了诗人对春雨的喜爱和赞美之情。全诗结构清晰，承接自然，用字凝练优美，对细节的捕捉和描绘也极为精当，为上佳诗作。

詩和遠方

旅夜书怀 / 杜甫

细草微风岸，
危樯独夜舟。
星垂平野阔，
月涌大江流。
名岂文章著，
官应老病休。
飘飘何所似，
天地一沙鸥。

品茗赏诗

纵观全诗，始终有景，又始终满含复杂的情感。景的序列，随着诗人感情的逐步展开而自然地呈现，并且最终借助景，将感情的抒发推向高潮。大致说来，诗的前半重点写"旅夜"之景，后半主要是"书怀"。不过，前半写景状物，已经融注了诗人的主观意念；后半抒怀感慨，也有自然景物的烘托。全诗情景交融。

登 高 /杜甫

风急天高猿啸哀，

渚清沙白鸟飞回。

无边落木萧萧下，

不尽长江滚滚来。

万里悲秋常作客，

百年多病独登台。

艰难苦恨繁霜鬓，

潦倒新停浊酒杯。

品茗赏诗

这是一首最能代表杜诗中景象苍凉阔大、气势浑涵汪茫的七言律诗。前两联写登高闻见之景，后两联抒发登高感触之情。由情选景，寓情于景，浑然一体，充分表达了诗人长年漂泊、忧国伤时、老病孤愁的复杂感情。而格调却雄壮高爽，慷慨激越，高浑一气，古今独步。

詩和遠方

枫桥夜泊 / 张继

月落乌啼霜满天，江枫渔火对愁眠。

姑苏城外寒山寺，夜半钟声到客船。

诗人小传

张继（约715至约779），字懿孙，襄州人（今湖北襄阳人）。唐代诗人，生平不详。据诸家记录，仅知他是天宝十二年（753）的进士。唐大历中，张继以检校司部员外郎为洪州（今江西南昌市）盐铁判官。他的诗爽朗激越，不事雕琢，比兴幽深，事理双切，对后世颇有影响，可惜流传下来的不到50首。其名诗《枫桥夜泊》，千古之下传诵不衰。

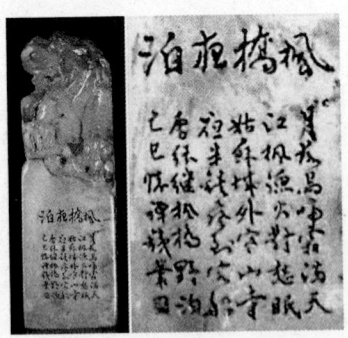

怀禅微刻《枫桥夜泊》

品茗赏诗

　　诗人在一个秋夜，停泊苏州枫桥，看到了江南水乡特有的优美景色，客居他乡的诗人陶醉其中，写下了这首清丽隽永的小诗。这首七绝诗，语言简洁优美，物象动静结合，明暗相称，从视听等多个角度进行描写，使风景丰满形象，意境优美。

诗和远方

长恨歌 / 白居易

汉皇重色思倾国，御宇多年求不得。

杨家有女初长成，养在深闺人未识。

天生丽质难自弃，一朝选在君王侧。

回眸一笑百媚生，六宫粉黛无颜色。

春寒赐浴华清池，温泉水滑洗凝脂。

侍儿扶起娇无力，始是新承恩泽时。

云鬓花颜金步摇，芙蓉帐暖度春宵。

春宵苦短日高起，从此君王不早朝。

承欢侍宴无闲暇，春从春游夜专夜。

后宫佳丽三千人，三千宠爱在一身。

金屋妆成娇侍夜，玉楼宴罢醉和春。

姊妹弟兄皆列土，可怜光彩生门户。

遂令天下父母心，不重生男重生女。

骊宫高处入青云，仙乐风飘处处闻。

缓歌慢舞凝丝竹，尽日君王看不足。

渔阳鼙鼓动地来，惊破霓裳羽衣曲。

九重城阙烟尘生，千乘万骑西南行。
翠华摇摇行复止，西出都门百余里。
六军不发无奈何，宛转蛾眉马前死。
花钿委地无人收，翠翘金雀玉搔头。
君王掩面救不得，回看血泪相和流。
黄埃散漫风萧索，云栈萦纡登剑阁。
峨嵋山下少人行，旌旗无光日色薄。
蜀江水碧蜀山青，圣主朝朝暮暮情。
行宫见月伤心色，夜雨闻铃肠断声。
天旋日转回龙驭，到此踌躇不能去。
马嵬坡下泥土中，不见玉颜空死处。
君臣相顾尽沾衣，东望都门信马归。
归来池苑皆依旧，太液芙蓉未央柳。
芙蓉如面柳如眉，对此如何不泪垂？
春风桃李花开日，秋雨梧桐叶落时。
西宫南内多秋草，落叶满阶红不扫。
梨园弟子白发新，椒房阿监青娥老。
夕殿萤飞思悄然，孤灯挑尽未成眠。
迟迟钟鼓初长夜，耿耿星河欲曙天。
鸳鸯瓦冷霜华重，翡翠衾寒谁与共？
悠悠生死别经年，魂魄不曾来入梦。
临邛道士鸿都客，能以精诚致魂魄。
为感君王辗转思，遂教方士殷勤觅。

排空驭气奔如电，升天入地求之遍。

上穷碧落下黄泉，两处茫茫皆不见。

忽闻海上有仙山，山在虚无缥缈间。

楼阁玲珑五云起，其中绰约多仙子。

中有一人字太真，雪肤花貌参差是。

金阙西厢叩玉扃，转教小玉报双成。

闻道汉家天子使，九华帐里梦魂惊。

揽衣推枕起徘徊，珠箔银屏迤逦开。

云鬓半偏新睡觉，花冠不整下堂来。

风吹仙袂飘飘举，犹似霓裳羽衣舞。

玉容寂寞泪阑干，梨花一枝春带雨。

含情凝睇谢君王，一别音容两渺茫。

昭阳殿里恩爱绝，蓬莱宫中日月长。

回头下望人寰处，不见长安见尘雾。

惟将旧物表深情，钿合金钗寄将去。

钗留一股合一扇，钗擘黄金合分钿。

但教心似金钿坚，天上人间会相见。

临别殷勤重寄词，词中有誓两心知。

七月七日长生殿，夜半无人私语时。

在天愿作比翼鸟，在地愿为连理枝。

天长地久有时尽，此恨绵绵无绝期。

诗人小传

白居易（772-846），字乐天，晚年又号香山居士，河南新郑（今郑州新郑）人，唐代伟大的现实主义诗人，中国文学史上负有盛名且影响深远的文学家，有"诗魔""诗王"之称。其诗歌题材广泛，形式多样，语言平易通俗，雅俗共赏。官至翰林学士、左赞善大夫。有《白氏长庆集》传世，代表诗作有《长恨歌》《卖炭翁》《琵琶行》等。

白居易像

品茗赏诗

此诗为长篇叙事诗，是诗人有感于唐玄宗和杨贵妃的爱情故事而作，为千古名篇。诗中先叙述安史之乱前期，杨贵妃、唐玄宗两人的奢靡生活，后又写安史之乱中，两人的爱情以悲剧结局，而这悲剧正是他们自己造成的，这也让他们遗恨终生。诗人将叙事、写景和抒情和谐交融在一起，使得故事曲折动人，情感缠绵悱恻，具有极强的感染力。诗人没有直抒"长恨"之情，而是将它融入了叙事中，通过烘托、渲染等，使"长恨"之情逐层深入，使人体会更深。

诗和远方

离思（其四）/ 元稹

曾经沧海难为水，

除却巫山不是云。

取次花丛懒回顾，

半缘修道半缘君。

诗人小传

元稹（779-831），字微之，别字威明，唐洛阳人（今河南洛阳）。8岁丧父，其母郑氏贤惠通文，亲授书传。15岁以明经擢第，21岁入仕，历任监察御史、中书舍人、浙东观察使、武昌军节度使等职。稹自少与白居易唱和，并称"元白"，同为新乐府运动倡导者。著有《元氏长庆集》等，存诗800多首。其诗辞浅意哀，如孤凤悲吟，扣人心扉，动人肺腑。

元稹题跋像

品茗赏诗

　　这首《离思》写男女之间的爱情，写得一往情深，炽热动人，具有独到的艺术特色，是描写爱情题材之古典诗词中的名篇佳作。这首诗用了巧比曲喻的手法，淋漓尽致地表达了主人公对已经失去的心上人的深深眷恋。它接连用水、用云、用花比人，写得曲折委婉，含而不露，意境深远，耐人寻味。

詩和遠方

题都城南庄 / 崔护

去年今日此门中，人面桃花相映红。

人面不知何处去，桃花依旧笑春风。

诗人小传

崔护，字殷功，博陵（今河北安平县）人。唐朝诗人，生卒年不详。贞元十二年（796）进士及第，历任京兆尹、御史大夫、岭南节度使等职。其诗精练婉丽，语极清新。《全唐诗》存诗6首，皆是佳作，尤以《题都城南庄》流传最广，脍炙人口，为诗人赢得了不朽诗名。

崔护诗意图

品茗赏诗

　　此诗以"人面""桃花"贯串全诗，通过"去年"和"今日"不同情景的对比，委婉曲折地表达出诗人两次经历中的不同感想。诗中表达出来的感情很有典型性，我们在生活中常会有这样的经历：偶尔遇到美好事物，当时没有抓住，而自己再去有意追寻的时候，却又失去了。而诗人则通过"人面桃花，物是人非"这样一个看似简单的人生经历，道出了千万人都似曾有过的共同生活体验。

锦 瑟 / 李商隐

锦瑟无端五十弦，

一弦一柱思华年。

庄生晓梦迷蝴蝶，

望帝春心托杜鹃。

沧海月明珠有泪，

蓝田日暖玉生烟。

此情可待成追忆，

只是当时已惘然。

诗人小传

　　李商隐（812-858），字义山，号玉谿生、樊南生。晚唐时期最出色的诗人之一，和杜牧合称"小李杜"，与温庭筠合称为"温李"。其诗构思新奇，风格秾丽，尤其是一些爱情诗和无题诗写得缠绵悱恻，优美动人，广为人传诵。但部分诗歌过于隐晦迷离，难于索解，至有"诗家总爱西昆好，独恨无人作郑笺"之说。因处于牛李党争的夹缝之中，一生很不得志。死后葬于家乡沁阳。作品收录为《李义山诗集》。

李商隐题跋像

品茗赏诗

　　此诗为李商隐的绝笔诗，作于大中十二年（858），诗人时年46岁。诗歌结合诗人的生平经历，回首一生遭遇，感伤身世，寄托情怀；表达凄哀委婉，意境奇异优美。诗人身世的悲怆，理想的幻灭，爱情的悲剧，人生路途的迷茫和无穷的遗恨，一并包括在诗的形象之中，拨动读者心弦。

　　起首两句，由锦瑟起兴，象征着诗人悲凉的一生，引起对华年往事的追忆。古瑟花纹锦绣，声调凄凉。"无端"两字写出诗人功名未就、风月蹉跎之憾。

　　颔颈二联，共用了四个典故，写华年之思的具体内容。以虚幻的形象，创造出朦胧的境界，用象征隐喻的手法，写自己不同侧面的身世感慨。

尾联二句，情味婉曲，深挚哀痛。是说以上种种凄怆欲绝的情怀，痛苦执著的追求，终成泡影幻灭。面对现实，只能成为欢情含悲的回忆了，终不禁惘然若失。痛定思痛，不堪回首。这是李商隐的一生总结，是离开人世之前的绝命之词。

无 题 / 李商隐

相见时难别亦难，

东风无力百花残。

春蚕到死丝方尽，

蜡炬成灰泪始干。

晓镜但愁云鬓改，

夜吟应觉月光寒。

蓬山此去无多路，

青鸟殷勤为探看。

🍵 品茗赏诗

　　这是一首表现真诚爱情的诗篇。诗人从相见不易、离别更难写到"春蚕到死""蜡炬成灰"，用最有表现力的比喻来写强烈的相思和至死不渝的爱情，十分精彩，是千古传颂的名句。此句还可赋以更为广泛的意义。全诗构思新颖巧妙，想像和比喻手法的运用，神话典故的糅合，意婉曲隽永，千回百转，令人叹绝。

诗和远方

临安春雨初霁 / 陆游

世味年来薄似纱，

谁令骑马客京华？

小楼一夜听春雨，

深巷明朝卖杏花。

矮纸斜行闲作草，

晴窗细乳戏分茶。

素衣莫起风尘叹，

犹及清明可到家。

诗人小传

陆游（1125-1210），字务观，号放翁，越州山阴（今浙江绍兴）人。南宋诗坛领袖，伟大爱国诗人。少年时即深具爱国思想，孝宗时赐进士出身。中年入蜀投身军旅生活，官至宝章阁待制。晚年退居家乡，但收复中原信念始终不渝。创作诗歌很多，今存9 000多首，内容极为丰富：抒发政治抱负，反映人民疾苦，风格雄浑豪放；抒写日常生活，也多清新之作。著有《剑南诗稿》《南唐书》《老学庵笔记》等。

品茗赏诗

这首诗作于陆游62岁之际，少年时的意气风发与壮年时的裘马轻狂，都随着岁月的流逝一去不返了。虽然他光复中原的壮志未衰，但对偏安一隅的南宋小朝廷的软弱与黑暗，却日益见得明白。这年春天，陆游被起用为严州知府，赴任之前，先到临安（今浙江杭州）去觐见孝宗皇帝，住在西湖边上的客栈里听候召见。

诗人只身住在小楼上，彻夜听着春雨的淅沥；次日清晨，深幽的小巷中传来了叫卖杏花的声音，告诉人们春已深了。绵绵的春雨，由诗人的听觉中写出；而淡淡的春光，则在卖花声里透出。无事而作草书，晴窗下品着清茗，表面上看，是极闲适恬静的境界，然而在这背后，正藏着诗人对故国难复的无限感慨。

詩和遠方

钗头凤 / 陆游

世情薄，人情恶。雨送黄昏花易落。

晓风干，泪痕残。

欲笺心事，独语斜栏。

难！难！难！

人成各，今非昨，病魂常似秋千索。

角声寒，夜阑珊，怕人寻问，咽泪装欢。

瞒！瞒！瞒！

品茗赏诗

此词为和陆游词《钗头凤》作。本词与陆游的《钗头凤》感情息息相通，处处呼应。通篇充满了对陆游的一往情深和忠诚，也表露出自己处境的悲惨和对封建礼教的愤恨之情。

詩
和
远
方

过零丁洋 / 文天祥

辛苦遭逢起一经，干戈寥落四周星。

山河破碎风飘絮，身世浮沉雨打萍。

惶恐滩头说惶恐，零丁洋里叹零丁。

人生自古谁无死？留取丹心照汗青。

诗人小传

文天祥（1236–1283），字履善，吉州庐陵（今江西青原区）人。状元出身，官至右丞相；南宋民族英雄，以忠烈名传后世。德祐元年（1275），元兵渡江，他散尽家产，招募豪杰，起兵勤王，后不幸被俘。元世祖以高官厚禄劝降，他宁死不屈，从容赴义，生平事迹被后世称许，与陆秀夫、张世杰被称为"宋末三杰"。其作品以《过零丁洋》和《正气歌》最为人所称道，其中前者的"人生自古谁无死，留取丹心照汗青"乃千古绝唱。

文天祥像

品茗赏诗

这是一首永垂千古的述志诗。全诗格调沉郁悲壮，浩然正气贯长虹，确是一首动天地、泣鬼神的伟大爱国主义诗篇。

诗的开头回顾身世，暗示自己久经磨炼，不惧任何艰难困苦。接着追述自己在荒凉冷落的战争环境里度过了四年，把个人命运和国家兴亡联系起来。

三四句承上，从国家和个人两个方面，继续抒写事态的发展和深沉的忧愤。国家民族的灾难，个人的坎坷经历，万般煎熬着诗人的情怀，使其言辞倍增凄楚。

五六句喟叹更深，以遭遇中的典型事件，再度展示诗人因国家覆灭和自己遭危难而战栗的痛苦心灵。

结尾两句以磅礴的气势写出了诗人宁死不屈的壮烈誓词：自古以来，哪个人没有一死？只要能留得这颗爱国忠心彪炳史册就够了。这是诗人用自己的鲜血和生命谱写的一曲理想人生的赞歌。

桃花庵歌 / 唐寅

桃花坞里桃花庵，桃花庵下桃花仙；

桃花仙人种桃树，又摘桃花换酒钱。

酒醒只在花前坐，酒醉还来花下眠；

半醒半醉日复日，花落花开年复年。

但愿老死花酒间，不愿鞠躬车马前；

车尘马足富者趣，酒盏花枝贫者缘。

若将富贵比贫者，一在平地一在天；

若将贫贱比车马，他得驱驰我得闲。

别人笑我太疯癫，我笑他人看不穿；

不见五陵豪杰墓，无花无酒锄作田。

诗人小传

唐寅（1470-1523），字伯虎，号六如居士、桃花庵主、鲁国唐生、逃禅仙吏等。明朝著名诗人、画家。弘治十一年（1498）举乡试第一，人多称其为"唐解元"。他与祝允明、文徵明、徐祯卿往来唱和，号称"吴中四才子"。唐寅自幼博通经史，但入京会试时受科场舞弊案牵累，断送了大好前程，被派往浙江为小吏。唐寅耻于就任，归家后以卖文墨为生，54岁而卒。

唐寅苏州石刻像

品茗赏诗

　　唐寅才华横溢、锋芒毕露，却科场失意，看破官场后抛却仕途，最终归于消极避世。从诗中可见其状若疯癫的高傲，看破红尘的轻狂，看似洒脱不羁，却又隐隐透出世人皆醉我独醒的孤独意味，其深埋心底的怀才无处遇、抱负不可舒的性情也可略见一斑。诗中的每一句几乎都是对偶句，整首诗对仗极为工整，读来朗朗上口，感染力及情感冲击力极强。诗中未用艳丽辞藻，就像唐寅清高的为人。

己亥杂诗（其五）/ 龚自珍

浩荡离愁白日斜，吟鞭东指即天涯。

落红不是无情物，化作春泥更护花。

诗人小传

　　龚自珍（1792-1841），字璱人，号定庵（ān）。清代思想家、文学家，改良主义的先驱者。27岁中举人，38岁中进士。曾任内阁中书、宗人府主事和礼部主事等职。主张革除弊政，抵制外国侵略，曾全力支持林则徐禁鸦片。48岁辞官南归，次年暴卒于江苏云阳书院。其诗文主张"更法""改图"，揭露清统治者的腐朽，洋溢着爱国热情，被柳亚子誉为"三百年来第一流"。著有《定庵文集》，留存文章300余篇、诗词近800首，今人辑为《龚自珍全集》。其名作《己亥杂诗》共350首。

品茗赏诗

　　此诗为龚自珍的名作，其含义有两个方面：一是抒发离京南返的愁绪，二是表示自己虽已辞官，但仍决心为国效力。一二两句写离京南归时的情形，失落与惆怅之情溢于言表。三四两句笔锋陡转，以落红化泥护花作比，说明自己身虽脱离官场，仍心系国家，形象生动而含蕴沉着。诗中"落红不是无情物，化作春泥更护花"两句是世人历来传颂的经典名句，既是诗人言志抒怀的心声，又是广泛意义上崇高人格道德境界的出色写照。

送 别 / 李叔同

长亭外，古道边，芳草碧连天。

晚风拂柳笛声残，夕阳山外山。

天之涯，地之角，知交半零落。

一壶浊酒尽余欢，今宵别梦寒。

长亭外，古道边，芳草碧连天。

问君此去几时来，来时莫徘徊。

天之涯，地之角，知交半零落。

人生难得是欢聚，惟有别离多。

诗人小传

李叔同，世称弘一大师，俗姓李，名息，学名文涛。又名成蹊、广侯，字书同、息霜，号演音等。1918年8月19日，至杭州虎跑定慧寺剃度，法号弘一。

大师笃志念佛，佛教界尊他为近代重兴南山律宗的第十一代祖师。大师精修佛教律宗，其代表作有《南山律在家备览》《四分律戒相表记》《清凉歌集》《李息翁临古法书》《弘一大师遗著合编》等。

李叔同像

品茗赏诗

《送别》写于1905年，是李叔同20多岁在日本留学时所作校园歌曲，是脍炙人口的佳作。从总体结构上看，《送别》很像一首古词（类小令），共三节，其中一、三两节文字相同。第一节，着重写送别的环境。作者选取了"长亭""古道""芳草""晚风""暮色""弱柳""残笛""夕阳"这八个意象，来交代当时的离别场景。第二节，着重写送别人的心境，是全曲的高潮。第三节，是第一节的重叠，进一步烘托别离的气氛。全曲情真意挚，凄美柔婉。

詩和遠方

早 秋 / 李叔同

十里明湖一叶舟，
城南烟月水西楼，
几许秋容娇欲流，
隔著垂杨柳。
远山明净眉尖瘦，
闲云飘忽罗纹绉，
天末凉风送早秋，
秋花点点头。

春 游 / 李叔同

春风吹面薄于纱，

春人妆束淡于画，

游春人在画中行，

万花飞舞春人下。

梨花淡白菜花黄，

柳花委地芥花香。

莺啼陌上人归去，

花外疏钟送夕阳。

詩一和遠方

月 夜 / 李叔同

纤云四卷银河净，
梧叶萧疏摇月影；
剪径凉风阵阵紧，
暮鸦栖止未定。
万里空明人意静，
呀！是何处敲彻玉磬，
一声声清越度幽岭。
呀！是何处声相酬应，
是孤雁寒砧并。
想此时此际，
幽人应独醒，
倚栏风冷。

詩一
和
遠方

落 花 /李叔同

纷，纷，纷，纷，纷，纷……

惟落花委地无言兮，化作泥尘。

寂，寂，寂，寂，寂，寂……

何春光长逝不归兮，永绝消息。

忆春风之日暄，芬菲菲以争妍；

既乘荣以发秀，倏节易而时迁。

春残，览落红之辞枝兮，伤花事其阑珊；

已矣！春秋其代序以递嬗兮，俯念迟暮。

荣枯不须臾，盛衰有常数；

人生之浮华若朝露兮，泉壤兴衰；

朱华易消歇，青春不再来。

光 明 / 朱自清

风雨沉沉的夜里，

前面一片荒郊。

走尽荒郊，

便是人们底[1]道。

呀！黑暗里歧路万千，

叫我怎样走好？

"上帝！快给我些光明吧，

让我好向前跑！"

上帝慌着说，"光明？

我没处给你找！

你要光明，

你自己去造！"

🌀 诗人小传

朱自清（1898-1948），原名自华，字佩弦，号秋实。中国现代散

[1] "底"即"的"。

文家、诗人、学者、民主战士。1919年开始发表诗歌。1928年第一本散文集《背影》出版，其中《背影》也是脍炙人口的散文。

朱自清像

品茗赏诗

这首诗是"五四"时代的新诗，表达了作者对憧憬光明的社会，寻求新的人生道路的心声。

一 念 / 胡适

我笑你绕太阳的地球，一日夜只打得一个回旋；

我笑你绕地球的月亮，总不会永远团圆；

我笑你千千万万大大小小的星球，总跳不出自己的轨道线；

我笑你一秒钟行五十万里的无线电，总比不上我区区的心头一念！

我这心头一念，

才从竹竿巷，忽到竹竿尖；

忽在赫贞江上，忽在凯约湖边；

我若真个害刻骨的相思，便一分钟绕遍地球三千万转！

诗人小传

胡适（1891-1962），字适之，安徽绩溪人，中国新文化运动领军人物。1910年赴美留学，获美国哥伦比亚大学哲学博士学位，回国后任教于北京大学，参与编辑《新青年》，积极提倡白话文，并广泛尝试多种体裁的新文学创作。1920年，他创作的中国第一部白话新诗集《尝试集》出版，其中的诗作显示了新诗萌生时期从旧诗中脱胎、蜕变、成长的艰难过程。他历任国民政府驻美国大使、行政院最高政治顾问、北京大学校长等职。1948年，胡适离开北平，后定居台湾。

胡适像

品茗赏诗

20世纪30年代，朱自清选编《中国新文学大系·诗集》，将胡适的这首《一念》列为首篇，可见此诗的艺术价值之高。全诗音节自然和谐，节奏感十分强烈，思想理念的表达也饶有趣味。诗歌先以三个排比句作铺垫，然后再用一个排比句道明诗歌旨意——"总比不上我心头的区区一念"，从而体现出诗人对人类思维速度的赞叹，而前面又都以"我笑你"作为句子的开头，趣中见真。接着具体阐释"心头一念"对空间的跨越，从目前居住的"竹竿巷"到家乡的"竹竿尖"，而又及美国留学之地，人的思维的奇异性形象浮现。最后的一句点睛之笔，揭示了人类思维的巨大潜能，进一步表达了诗人对人类智慧的歌颂。

詩。
和
遠
方

教我如何不想她 / 刘半农

天上飘着些微云，
地上吹着些微风。
啊！
微风吹动了我头发，
教我如何不想她？

月光恋爱着海洋，
海洋恋爱着月光。
啊！
这般蜜也似的银夜，
教我如何不想她？

水面落花慢慢流，
水底鱼儿慢慢游。
啊！
燕子你说些什么话？

教我如何不想她？

枯树在冷风里摇，

野火在暮色中烧。

啊！

西天还有些儿残霞，

教我如何不想她？

诗人小传

刘半农（1891-1934），字半农，号曲庵，江苏江阴人，中国新文化运动健将。出身贫苦，上中学时受辛亥革命影响而辍学参军，后到上海做编辑工作。1918年，和钱玄同合作演双簧戏，争辩关于白话文的问题，有力地推进了白话文运动。1921年出国留学，后获法国巴黎大学文学博士学位，并成为巴黎语言学会会员。回国后任职于北京大学、北平大学女子文学院、辅仁大学等。1926年出版诗集《瓦釜集》《扬鞭集》。1934年，诗人英年早逝。

刘半农像

品茗赏诗

　　这首诗作于1920年诗人留学欧洲期间。也许是情人不在身边，也许是对祖国的想念，伴着那景色，诗人唱出了心底潜藏的最纯真的爱情和热切的思念之情。此诗开始名为《情歌》，不久诗人将其改为《教我如何不想她》。那时诗人远离祖国，心中时时生出怀恋，而当时的中国正千疮百孔，诗人对故国的关爱可想而知。

　　诗人既吸收了歌谣的散体和外国的诗歌特点，又继承了中国传统诗歌的特点和手法——重视意境的营造、比兴等。在这首诗中，每一段的开头都渲染了不同的景色，以引起感情的抒发，每一段都营造了优美的诗歌意境，引起人们无穷的想象。同时，诗人采用了西方抒情诗的一些特点，反复吟唱，用生活中的白话来抒发心中强烈的感情。这首诗无论是在意境的营造上，还是在抒情方式的表现技巧上，都是后来中国白话新诗的楷模，是对中国新诗有着启发式影响的。

詩和遠方

再别康桥 / 徐志摩

轻轻的我走了，

正如我轻轻的来；

我轻轻的招手，

作别西天的云彩。

那河畔的金柳，

是夕阳中的新娘；

波光里的艳影，

在我的心头荡漾。

软泥上的青荇，

油油的在水底招摇；

在康河的柔波里，

真我甘心做一条水草！

那榆荫下的一潭，

不是清泉，是天上虹
揉碎在浮藻间，
沉淀着彩虹似的梦。

寻梦？撑一支长篙，
向青草更青处漫溯，
满载一船星辉，
在星辉斑斓里放歌。

但我不能放歌，
悄悄是别离的笙箫；
夏虫也为我沉默，
沉默是今晚的康桥！

悄悄的我走了，
正如我悄悄的来；
我挥一挥衣袖，
不带走一片云彩。

诗人小传

徐志摩（1896–1931），原名章垿，字槱森。浙江海宁人，中国现代著名诗人。1918～1922年，先后赴美国哥伦比亚大学、英国剑桥大学留学，其间开始创作新诗。1921年，诗人结识才女林徽因，坠入情网，没有结果。1922年回国。1924年，泰戈尔访华，徐志摩陪同他游历中国许多地方，并随其一同去了日本。同年，徐应胡适之邀任北大英文系教授，不久即与京城社交界名流陆小曼坠入爱河。1926年，两人结婚。此后，诗人和胡适、闻一多等人创立"新月社"，创办《新月》杂志。1931年1月，诗人主编的《诗刊》创刊。同年11月因飞机失事英年早逝。

徐志摩像

品茗赏诗

1928年，诗人再一次漫游欧洲，归途中一个明媚的夏日，诗人怀着莫名的激情，来到康桥（即剑桥）——诗人曾学习过、生活过的地方，在美丽的校园里徘徊，在那一草一木之中寻觅当年的欢声笑语，那洒落其间的青春年华。这些感想在诗人的心中酝酿了几个月，最后形成了这首诗。

这首诗是中国新月诗的代表作，有着完整的形式、和谐优美的旋律、紧密节奏的诗句。四行一节，每节押韵，诗行的排列错落有致，参差变化中有整齐的韵律。诗的整体有着强烈的韵律感：首节和尾节前后呼应，使诗的形式完整。用词上讲究音节的和谐与轻盈，"轻轻""悄悄"等叠字的使用更是恰如其分。

诗和远方

偶 然 / 徐志摩

我是天空里的一片云，
偶尔投影在你的波心——
你不必讶异，
更无须欢喜——
在转瞬间消灭了踪影。

你我相逢在黑夜的海上，
你有你的，我有我的，方向；
你记得也好，
最好你忘掉，
在这交会时互放的光亮！

品茗赏诗

这是一首内涵深远的小诗，诗人将"偶然"这样一个没有实质的虚词形象化来写，充满微妙的情趣和意味深长的哲理，充分显示了诗人细腻的内心情感世界和敏感的现实生活捕捉能力。在这短短的几句诗里，既有对偶然之美的充分感受，又有着对这种瞬间事物的理智心态，而这种理智的心所感觉到的让人产生的一丝遗憾，更增加了一些对人生缺憾的惆怅。诗人理智地看到，偶然不能成为彼此的"方向"的障碍，这种"偶然"因为它特殊的存在方式而美好！当然，我们不能把它简单地理解为一种男女之间不经意的邂逅，尽管诗中也涵盖了这一点。

沙扬娜拉 / 徐志摩
——赠日本女郎

最是那一低头的温柔，
像一朵水莲花不胜凉风的娇羞，
道一声珍重，道一声珍重，
那一声珍重里有蜜甜的忧愁——
沙扬娜拉！

品茗赏诗

诗歌以构思精巧的比喻，描摹了少女的娇羞之态。"低头的温柔"与"水莲花不胜凉风的娇羞"，两个并列的意象妥帖地重叠，花亦人，人亦花！花和人已难辨清，但让人感到一股朦胧的美感，如同吸进了水仙的香气。接下来的互道珍重，更是情透纸背。"蜜甜的忧愁"可谓全诗的诗眼，矛盾之中加大了情感张力，使其更趋饱满。一句清丽的"沙扬娜拉"，悠悠离愁，千种风情，尽在不言之中！

这首诗简洁而美丽，其美丽也许正因为其简洁。诗人以寥寥数语，便构建起一座审美的舞台，将司空见惯的人生戏剧搬演上去，让人们品味其中亘古不变的世道人情！这份驾驭诗词的功力，罕有其匹。而隐在诗后面的态度则无疑是：既然岁月荏苒，光阴似箭，我们更应该以审美的态度，对待每一寸人生！

詩
和
遠
方

雪花的快乐 / 徐志摩

假如我是一朵雪花，
翩翩的在半空里潇洒，
我一定认清我的方向——
飞扬，飞扬，飞扬，——
这地面上有我的方向。

不去那冷寞的幽谷，
不去那凄清的山麓，
也不上荒街去惆怅——
飞扬，飞扬，飞扬，——
你看，我有我的方向！

在半空里娟娟的飞舞，
认明了那清幽的住处，
等着她来花园里探望——
飞扬，飞扬，飞扬，——

啊，她身上有朱砂梅的清香！

那时我凭借我的身轻，
盈盈的，沾住了她的衣襟，
贴近她柔波似的心胸——
消溶，消溶，消溶——
溶入了她柔波似的心胸！

品茗赏诗

此诗写于1924年12月30日。发表于1925年1月17日《现代评论》第一卷第6期。这首诗表现了徐志摩对理想、爱情、自由的追求。在诗中，我以"雪花"的形式出场，"翩翩的在半空里潇洒"。无疑，"雪花"赋予了人的意念，人的灵魂。在追求美的过程，他即便是最后是一死，他也不觉痛苦、绝望，而是非常享受选择的自由、热爱的快乐。全诗读来，活泼生动、节奏轻快。

诗。和远方

我等候你 / 徐志摩

我等候你。

我望着户外的昏黄

如同望着将来，

我的心震盲了我的听。

你怎还不来？希望

在每一秒钟上允许开花。

我守候着你的步履，

你的笑语，你的脸，

你的柔软的发丝，

守候着你的一切；

希望在每一秒钟上

枯死——你在哪里？

我要你，要得我心里生痛，

我要你的火焰似的笑，

要你灵活的腰身，

你的发上眼角的飞星；

我陷落在迷醉的氛围中，

像一座岛，

在蟒绿的海涛间，不自主的在浮沉……

喔，我迫切的想望

你的来临，想望

那一朵神奇的优昙

开上时间的顶尖！

你为什么不来，忍心的！

你明知道，我知道你知道，

你这不来于我是致命的一击，

打死我生命中乍放的阳春，

教坚实如矿里的铁的黑暗，

压迫我的思想与呼吸；

打死可怜的希冀的嫩芽，

把我，囚犯似的，交付给

妒与愁苦，生的羞惭

与绝望的惨酷。

这也许是痴。竟许是痴。

我信我确然是痴；

但我不能转拨一支已然定向的舵，

万方的风息都不容许我犹豫——

我不能回头，运命驱策着我！

我也知道这多半是走向

毁灭的路，但

为了你，为了你，

我什么都甘愿；

这不仅我的热情，

我的仅有理性亦如此说。

痴！想磔碎一个生命的纤维

为要感动一个女人的心！

想博得的，能博得的，至多是

她的一滴泪，

她的一声漠然的冷笑；

但我也甘愿，即使

我粉身的消息传给

一块顽石，她把我看作

一只地穴里的鼠，一条虫，

我还是甘愿！

痴到了真，是无条件的，

上帝也无法调回一个

痴定了的心如同一个将军

有时调回已上死线的士兵。

枉然，一切都是枉然，

你的不来是不容否认的实在，

虽则我心里烧着泼旺的火，

饥渴着你的一切，

你的发，你的笑，你的手脚；

任何的痴想与祈祷

不能缩短一小寸

你我间的距离！

户外的昏黄已然

凝聚成夜的乌黑，

树枝上挂着冰雪，

鸟雀们典去了它们的啁啾，

沉默是这一致穿孝的宇宙。

钟上的针不断的比着

玄妙的手势，像是指点，

像是同情，像的嘲讽，

每一次到点的打动，我听来是

我自己的心的

活埋的丧钟。

品茗赏诗

此诗发表于1929年10月10日《新月》第三卷8期，曾作为首篇收入《新月诗选》。这首诗表现了徐志摩对陆小曼非常的衷心、痴情。全诗体现了徐志摩追求爱、自由与美的主题，同时这也是一首很好的抒情诗，仔细品味，这首诗歌可以说是徐志摩对陆小曼爱情的见证。

诗 和 远 方

我不知道风是在哪一个方向吹 / 徐志摩

我不知道风

是在哪一个方向吹——

我是在梦中,

在梦的轻波里依洄。

我不知道风

是在哪一个方向吹——

我是在梦中,

她的温存,我的迷醉。

我不知道风

是在哪一个方向吹——

我是在梦中,

甜美是梦里的光辉。

我不知道风

是在哪一个方向吹——

我是在梦中，

她的负心，我的伤悲。

我不知道风

是在哪一个方向吹——

我是在梦中，

在梦的悲哀里心碎！

我不知道风

是在哪一个方向吹——

我是在梦中，

黯淡是梦里的光辉。

品茗赏诗

此诗写于1928年，初载同年3月10日《新月》月刊第1卷第1号，署名志摩。这首诗可以说是徐志摩最具代表性的诗歌了，全诗表达了徐志摩追求那种"回到生命本体中去"的诗歌理想，这也是作者最高的诗歌理想。

我有一个恋爱 / 徐志摩

我有一个恋爱，

我爱天上的明星，

我爱它们的晶莹——

人间没有这异样的神明。

在冷峭的暮冬的黄昏，

在寂寞的灰色的清晨，

在海上，在风雨后的山顶——

永远有一颗，万颗的明星！

山涧边小草花的知心，

高楼上小孩童的欢欣，

旅行人的灯亮与南针——

万万里外闪烁的精灵！

我有一个破碎的魂灵，

像一堆破碎的水晶，
散布在荒野的枯草里——
饱啜你一瞬瞬的殷勤。

人生的冰激与柔情，
我也曾尝味，我也曾容忍；
有时阶砌下蟋蟀的秋吟——
引起我心伤，逼迫我泪零。

我袒露我的坦白的胸襟，
献爱与一天的明星；
任凭人生是幻是真，
地球存在或是消泯——
太空中永远有不昧的明星！

品茗赏诗

写作时间和发表报刊不详。手稿篇末注明："二十六日，半夜。"
与原稿有出入：第3行"晶莹"为"光明"；第4行为"我爱他们的恒
心"；第6行"清晨"为"侵晨"；第9行"山涧边"为"涧边"；第13
行"魂灵"为"心灵"；第17行"冰激"为"冷激"；第20行"心伤"
为"伤心"。

这首诗徐志摩写于1925年。徐志摩是个浪漫主义诗人，他以"爱、
美、自由"为人生信仰，对爱情、人生、社会都抱着美好的理想。这首

诗中，恋爱的对象是"天上的明星"，明星在夜空中闪烁，尽情地释放着他们晶莹，这是诗人所爱的。天上的明星是一种自然现象，但在这里作者已经赋予了人格特质，不单单是指自然界中的明星了，而是人格化的明星，带有强烈的主观色彩。从这点上不难看出徐志摩的浪漫。

詩。
和
遠
方

红　烛 /闻一多

红烛啊！

这样红的烛！

诗人啊！

吐出你的心来比比，

可是一般颜色？

红烛啊！

是谁制的蜡——给你躯体？

是谁点的火——点着灵魂？

为何更须烧蜡成灰，

然后才放光出？

一误再误；

矛盾！冲突！

红烛啊！

不误，不误！

原是要"烧"出你的光来——

这正是自然的方法。

红烛啊！

既制了，便烧着！

烧罢！烧罢！

烧破世人的梦，

烧沸世人的血——

也救出他们的灵魂，

也捣破他们的监狱！

红烛啊！

你心火发光之期，

正是泪流开始之日。

红烛啊！

匠人造了你，

原是为烧的。

既已烧着，

又何苦伤心流泪？

哦！我知道了！

是残风来侵你的光芒，

你烧得不稳时，

才着急得流泪！

红烛啊！

流罢！你怎能不流呢？

请将你的脂膏，

不息地流向人间，

培出慰藉底花儿，

结成快乐底果子！

红烛啊！

你流一滴泪，灰一分心。

灰心流泪你的果，

创造光明你的因。

红烛啊！

"莫问收获，但问耕耘。"

诗人小传

闻一多（1899-1946），原名闻家骅，字友三。湖北浠水人，中国现代著名诗人。1924年，诗集《红烛》的出版，奠定了他在中国现代诗歌史上的地位。1928年与徐志摩等创办《新月》杂志，同年出版诗集《死水》。此后，他放弃诗歌创作，埋头钻研学术。抗战期间，他带领学生从北平徒步前往云南，任西南联合大学教授。1944年加入民盟。1946年7月15日，他在抗议国民党暗杀民盟党员李公朴的追悼会上发表著名演说《最后一次演讲》，回家途中遭国民党特务枪杀。闻一多融汇古今、化和中外的诗歌形式，以强烈的情感表达和追求精神开辟了中国一代诗风。

闻一多像

品茗赏诗

此诗写于1923年，是闻一多的名诗，也是同名诗集《红烛》的序诗。诗的开始就突出红烛的意象，红红的，如同赤子的心。闻一多要问人们，你们的心可有这样的赤诚和热情，你们可有勇气吐出你的真心和这红烛相比。一个"吐"字，生动形象，将诗人的奉献精神和赤诚表现得一览无余。此诗有浓重的浪漫主义和唯美主义色彩。注重幻想和主观情绪的渲染，大量使用了抒情的感叹词，以优美的语言强烈地表达了心中的情感；极力注意诗歌的形式美和诗歌的节奏，一定程度上采用中国传统诗歌的押韵形式、前后照应和每节中诗句相对的齐整等。诗人所倡导的中国新诗的格律化、音乐性的主张，在这首诗中有一定的体现。

詩和遠方

死 水 / 闻一多

这是一沟绝望的死水，
清风吹不起半点漪沦。
不如多扔些破铜烂铁，
爽性泼你的剩菜残羹。

也许铜的要绿成翡翠，
铁罐上绣出几瓣桃花；
再让油腻织一层罗绮，
霉菌给他蒸出些云霞。

让死水酵成一沟绿酒，
飘满了珍珠似的白沫；
小珠们笑声变成大珠，
又被偷酒的花蚊咬破。

那么一沟绝望的死水，

也就夸得上几分鲜明。

如果青蛙耐不住寂寞，

又算死水叫出了歌声。

这是一沟绝望的死水，

这里断不是美的所在，

不如让给丑恶来开垦，

看他造出个什么世界。

🍵 品茗赏诗

《死水》写于1926年4月，当时中国人民正处于水深火热之中，在这样腐烂之极的社会里，敏感而激愤的诗人以"死水"来比喻这个现实世界，发出对这种现实的控诉和诅咒。

诗人熔西方现代诗歌和中国古典诗歌于一炉，提出了独立的现代诗歌艺术原则：建筑美、音乐美和绘画美。《死水》这首诗，形式整齐划一，共分为五节，每节四句，表现出非常有节制的节奏感，体现一种建筑美；语言却优美流畅，自然体现内在韵律，体现一种音乐美；意象的选择也非常讲究，努力达成一种图画美，如"铜的要绿成翡翠""铁罐上绣出几瓣桃花"，尽管这些描写都是讽刺之笔，但是依然给读者视觉想象的美感。此外，诗人还非常注重诗歌细节上的形象生动，如"小珠笑一声变成大珠，又被偷酒的花蚊咬破"等。

国 手/闻一多

> 爱人啊！你是个国手：
>
> 我们来下一盘棋；
>
> 我的目的不是要赢你，
>
> 但只求输给你——
>
> 将我的灵和肉
>
> 输得干干净净！

☕ 品茗赏诗

  本诗出自《红烛·青春篇》。是一首独特的、难得多见的爱情诗。它对于我们解读闻一多的人生态度、个性心理很有助益。

孤 雁 / 闻一多

不幸的失群的孤客！
谁教你抛弃了旧侣，
拆散了阵字，
流落到这水国的绝塞，
拼着寸磔的愁肠，
泣诉那无边的酸楚？

啊！从那浮云的密幕里，
迸出这样的哀音，
这样的痛苦！这样的热情！

孤寂的流落者！
不须叫喊得哟！
你那沉细的音波，
在这大海的惊雷里，
还不值得那涛头上

溅破的一粒浮沤呢。

可怜的孤魂啊！

更不须向天回首了。

天是一个无涯的秘密，

一幅蓝色的谜语，

太难了，不是你能猜破的。

也不须向海低头了。

这辱骂高天的恶汉，

他的咸卤的唾沫

不要渍湿了你的翅膀，

粘滞了你的行程！

流落的孤禽啊！

到底飞往哪里去呢？

那太平洋的彼岸，

可知道究竟有些什么？

啊！那里是苍鹰的领土——

那鸷悍的霸王啊！

他的锐利的指爪，

已撕破了自然的面目，

建筑起财力的窝巢。

那里只有铜筋铁骨的机械，

喝醉了弱者的鲜血，

吐出那罪恶的黑烟，

涂污我太空，闭熄了日月，

教你飞来不知方向，

息去又没地藏身啊！

流落的失群者啊！

到底要往哪里去？

随阳的鸟啊！

光明的追逐者啊！

不信那腥臊的屠场，

黑暗的烟灶，

竟能吸引你的踪迹！

归来吧，失路的游魂！

归来参加你的伴侣，

补足他们的阵列！

他们正引着颈望你呢。

归来偃卧在霜染的芦林里，

那里有校猎的西风，

将苴毛似的芦花，

铺就了你的床褥
来温暖起你的甜梦。

归来浮游在温柔的港溆里，
那里方是你的浴盆。
归来徘徊在浪舐的平沙上，
趁着溶银的月色
婆娑着戏弄你的幽影。

归来吧，流落的孤禽！
与其尽在这水国的绝塞，
拼着寸磔的愁肠，
泣诉那无边的酸梦，
不如棹翅回身归去吧！

啊！但是这不由分说的狂飙
挟着我不息地前进；
我脚上又带着了一封书信，
我怎能抛却我的使命，
由着我的心性
回身棹翅归去来呢？

品茗赏诗

本诗出自《红烛·孤雁篇》。《孤雁》是闻一多诗歌的代表作之一。诗作象征性地描写了一只飞离了雁阵的孤雁，形只影单地奔向那"绝塞"的"水国"。该诗作于闻一多刚刚踏上美国土地之际，孤雁正是他的自我投影。

詩。和遠方

采莲曲 / 朱湘

小船呀轻飘，
杨柳呀风里颠摇；
荷叶呀翠盖，
荷花呀人样娇娆。
日落，
微波，
金丝闪动过小河。
左行
右撑，
莲舟上扬起歌声。

菡萏呀半开，
蜂蝶呀不许轻来，
绿水呀相伴，
清净呀不染尘埃。
溪间，

采莲，

水珠滑走过荷钱。

拍紧

拍轻，

桨声应答着歌声。

藕心呀丝长，

羞涩呀水底深藏；

不见呀蚕茧，

丝多呀蛹裹中央？

溪头，

采藕，

女郎要采又夷犹。

波沉

波升，

波上抑扬着歌声。

莲蓬呀子多，

两岸呀榴树婆娑，

喜鹊呀喧噪，

榴花呀落上新罗。

溪中，

采莲，

耳鬓边晕着微红。

风定

风生，

风飐荡漾着歌声。

升了呀月钩，

明了呀织女牵牛；

薄雾呀拂水，

凉风呀飘去莲舟。

花芳，

衣香，

消融入一片苍茫；

时静

时间，

虚空里袅着歌音。

🌀诗人小传

朱湘（1904-1933），字子沅，生于湖南沅陵，父母早逝。1925年出版第一本诗集《夏天》。1926年自办刊物《新文》，只刊载自己创作的诗文及翻译的诗歌，自己发行。因经济拮据，只发行了两期。1937年第二本诗集《草莽》出版。1927年9月至1929年9月，留学美国，回国后，他生活动荡，为谋职业到处奔走，家庭矛盾也日渐激化。其间曾任教于安徽大学外文系，但又与校方不和。1933年12月5日，他从上海到南京的客轮上纵身跃入清波……

品茗赏诗

　　《采莲曲》是朱湘的得意之作，无论在形象、风格，还是在形式、技巧上，都达到很高的艺术水准。诗中着意表现一种宁静的风格，一种"东方的静的美丽"，美得出奇，也静得出奇。

　　形式上的刻意经营及其上佳效果，是朱湘的心血所在，诗歌的章节、字句、音节和节奏，和谐婉转、精致考究，与东方气息紧紧相连。章节与章节之间保持了十分严格的对称，各诗行却长短有别，诗人就是通过这样的诗行，传达出了一种难得的节奏感。

　　诗中的音韵是活动的、流畅的，随诗歌情绪摇曳变幻。像"藕心呀丝长，羞涩呀水底深藏"这样的音韵搭配就很有生气。像"左行／右撑""拍紧／拍轻""波沉／波升"这样的短句，更是朱湘的得意创造，"以先重后轻的韵表现出采莲舟过路时随波上下的一种感觉"。朱湘在格律上的探索，对后来者多有启发。

詩和遠方

葬 我 / 朱湘

葬我在荷花池内，
耳边有水蚓拖声，
在绿荷叶的灯上，
萤火虫时暗时明——

葬我在马缨花下，
永作着芬芳的梦——
葬我在泰山之巅，
风声呜咽过了孤松——

不然，就烧我成灰，
投入泛滥的春江，
与落花一同漂去
无人知道的地方。

品茗赏诗

朱湘非常有才华，在清华大学学习期间，人称"清华四子"之一，短暂的一生全部献给了挚爱的诗歌。《葬我》便是其中一首，以"葬我"为切入点，直指生命的终极。

詩和遠方

你是人间的四月天 / 林徽因

我说你是人间的四月天；
笑响点亮了四面风；轻灵
在春的光艳中交舞着变。

你是四月早天里的云烟，
黄昏吹着风的软，星子在
无意中闪，细雨点洒在花前。

那轻，那娉婷，你是，鲜妍。
百花的冠冕你戴着，你是
天真，庄严，你是夜夜的月圆。

雪化后那片鹅黄，你像；新鲜
初放芽的绿，你是；柔嫩喜悦
水光浮动着你梦期待中白莲。

你是一树一树的花开，是燕

在梁间呢喃，——你是爱，是暖，

是希望，你是人间的四月天！

诗人小传

林徽因（1904–1955），中国现代著名诗人、建筑学家，有名的才女。生于杭州一个书香世家，赴英留学时与徐志摩结为挚友。1924年和梁思成同往美国学习建筑学，1928年与梁结婚。回国后任东北大学建筑系教授。1931年到北京香山双清别墅养病，其间创作了大量诗歌。1933年与闻一多等创办《学文》月刊。抗战期间辗转昆明、重庆等地。新中国成立后曾参与设计国徽和人民英雄纪念碑，并任清华大学建筑系教授、北京市都市计划委员会委员等。1955年4月病逝于北京。

林徽因像

品茗赏诗

这首诗最早发表于1934年的《学文》上，是一篇极为优秀的作品。所以在诗人逝世的时候，金岳霖等好友共同给诗人题了这样的一副挽联："一身诗意千寻瀑，万古人间四月天。"

在四月，诗人写下心中的爱意。世界带着笑，轻风是它的倾诉。它轻灵地舞动光艳的春天，万物复苏，跃跃欲试地生长。黄昏来临后，凉夜展示其妩媚，星光闪烁，与花园里的花朵对语；圆月天真而庄重地说着"你"的郑重和纯净。

在这样的四月，那鹅黄，那绿色，蕴含着无限生机。那柔嫩的生命，新鲜的景色，泛着神圣的爱之光，像白莲花一样美丽。这样的季节里，"你"是一树一树的花开，是伴春飞翔的燕子，美丽轻灵的，带着爱、温暖和希望。

那一晚 / 林徽因

那一晚我的船推出了河心，
澄蓝的天上托着密密的星。
那一晚你的手牵着我的手，
迷惘的星夜封锁起重愁。
那一晚你和我分定了方向，
两人各认取个生活的模样。

到如今我的船仍然在海面飘，
细弱的桅杆常在风涛里摇。
到如今太阳只在我背后徘徊，
层层的阴影留守在我周围。
到如今我还记着那一晚的天，
星光、眼泪、白茫茫的江边！
到如今我还想念你岸上的耕种：
红花儿黄花儿朵朵的生动。

那一天我希望要走到了顶层，

蜜一般酿出那记忆的滋润。

那一天我要持上带羽翼的箭，

望着你花园里射一个满弦。

那一天你要听到鸟般的歌唱，

那便是我静候着你的赞赏。

那一天你要看到零乱的花影，

那便是我私闯入当年的边境！

品茗赏诗

这是林徽因的名作。这首诗是林徽因对徐志摩那一段隐秘爱情的追忆，语言细腻，真实地刻画出林徽因当时的心情。

情 愿 / 林徽因

我情愿化成一片落叶，

让风吹雨打到处飘零；

或流云一朵，在澄蓝天，

和大地再没有些牵连。

但抱紧那伤心的标志，

去触遇没着落的怅惘；

在黄昏，夜班，蹑着脚走，

全是空虚，再莫有温柔；

忘掉曾有这世界；有你；

哀悼谁又曾有过爱恋；

落花似的落尽，忘了去

这些个泪点里的情绪。

到那天一切都不存留，

比一闪光，一息风更少

痕迹，你也要忘掉了我

曾经在这世界里活过。

品茗赏诗

该诗发表于1931年的9月，同年11月徐志摩的坐上了生死飞机，赶的正是林徽因的一场演讲会。这首诗没有华丽的辞藻，但质朴的语言更加打动人心，细腻的情感跃然纸上，读了让人有一种感伤，细细体会，把握其中的情感。

春 曲 / 萧红

一

那边清溪唱着，

这边树叶绿了，

姑娘啊！

春天到了。

二

我爱诗人又怕害了诗人，

因为诗人的心，

是那么美丽，

水一般地，

花一般地，

我只是舍不得摧残它，

但又怕别人摧残。

那么我何妨爱他。

三

你美好的处子诗人，

来坐在我的身边，

你的腰任意我怎样拥抱，

你的唇任意我怎样的吻，

你不敢来在我的身边吗？

诗人啊！

迟早你是逃避不了女人！

四

只有爱的踟蹰美丽，

三郎，我并不是残忍，

只喜欢看你立起来又坐下，

坐下又立起，

这其间，

正有说不出的风月。

五

谁说不怕初恋的软力！

就是男性怎样粗暴，

这一刻，

也会娇羞羞地，

为什么我要爱人！

只怕为这一怕娇羞吧！

但久恋他就不娇羞了。

六

当他爱我的时候，

我没有一点力量，

连眼睛都睁不开，

我问他这是为什么？

他说：爱惯就好了，

啊！可珍贵的初恋之心。

诗人小传

萧红（1911–1942），乳名荣华，学名张秀环，后由外祖父改名为张廼莹。笔名萧红、悄吟、玲玲、田娣等。中国近现代女作家，"民国四大才女"之一，被誉为"20世纪30年代的文学洛神"。其代表作《生死场》，中篇小说《马伯乐》，著名长篇小说《呼兰河传》等。1942年1月22日，因肺结核和恶性气管扩张病逝于香港，年仅31岁。

萧红像

品茗赏诗

1933年，在萧军的鼓励下，萧红以"悄吟"的笔名在《东三省商报》"原野"副刊上发表了她试写的新体诗——《春曲》（第一首），随后，又发表了几首抒发心境的爱情诗。这些诗中大胆火热的爱情独白，表达了她当时虽然生活艰难，却沉浸在对情人真挚的热恋之中。

诗一

和

远方

幻 觉 / 萧红

昨夜梦里：
听说你对那个名字叫Marlie的女子，
也正有意。

是在一个妩媚的郊野里，
你一个人坐在草地上写诗。
猛一抬头，
你看到了丛林那边，
女人的影子。

我不相信你是有意看她，
因为你的心，不是已经给了我吗？

疏薄的林丛。
透过来疏薄的歌声；
——弯弯的眉儿似柳叶；

红红的口唇似樱桃……

春歌儿呀！
你怕不喜欢在我的怀中睡着？
这时你站起来了！仔细听听。
把你的诗册丢在地上。

我的名字常常是写在你的诗册里。
我在你诗册里翻转；
诗册在草地上翻转；
但你的心！
却在那个女子的柳眉樱唇间翻转。

你站起来又坐定，那边的歌声又来了……
——我的春歌儿呀！
我这里有一个酥胸，还有那……
……青春……
你再也耐不住这歌声了！
三步两步穿过林丛——
你穿过林丛，那个女子已不见影了……
你又转身回来，拾起你的诗册，
你发出漠然的叹息！

听说这位Marlie姑娘生得很美

又能歌舞——

能歌舞的女子谁能说不爱呢？

你心的深处那样被她打动！

我在林丛深处，

听你也唱着这样的歌曲：

我的女郎！来，来在我身边坐地；

我有更美丽，更好听的曲子唱给你……

树条摇摇；

我心跳跳；

树条是因风而摇的，

我的心儿你却为着什么而狂跳

我怕她坐在你身边吗？不，

我怕你唱给她什么歌曲么？也不。

只怕你曾经讲给我听的词句，

再讲给她听，

她是听不懂的。

你的歌声还不休止！

我的眼泪流到嘴了！

又听你慢慢的说一声：

将来一定与她有相识的机会。

我是坐在一块大石头上的，

我的人儿怎不变作石头般的。

我不哭了！我替我的爱人幸福！

（天啦！你的爱人幸福过？言之酸心！）

因为你一定是绝顶聪明，谁都爱你；

那么请把你诗册我的名字涂抹

倒不是我心嫉妒——

只怕那个女子晓得了要难过的

我感谢你，

要能把你的诗册烧掉更好，

因为那上面写过你爱我的语句

教我们那一点爱，

与时间空间共存吧！！

同时我更希望你更买个新诗册子，

我替你把Marlie记的名字装进去，

证明你的心是给她的。

但你莫要忘记：

你可再别教她的心，

在你诗册里翻转哪！

那样会伤了她的心的！

因为她还是一个少女！

我正希望这个，
把你的孤寂埋在她的青春里。
我的青春！今后情愿老死！

1932.7.30

品茗赏诗

萧红敏感的心感到萧军对她漠然，对外面女子的爱慕，在诗中表达她对这段爱情的恐惧、郁闷、自卑和绝望。

詩一 和 遠方

苦杯（11首）／萧红

一

带着颜色的情诗，

一首一首是写给她的，

像三年前他写给我的一样。

也许人人都是一样，

也许情诗再过三年，

他又写给另外一个姑娘！

二

昨夜他又写了一首诗，

我也写了一首诗，

他是写给他新的情人的，

我是写给我悲哀的心的。

三

爱情的账目，

要到失恋的时候才算的，

算也总是不够本的。

四

已经不爱我了吧！

尚与我日日争吵，

我的心潮破碎了，

他分明知道，

他又在我浸着毒一般痛苦的心上，

时时踢打。

五

往日的爱人，

为我遮避暴风雨，

而今他变成暴风雨了！

让我怎样来抵抗？

敌人的攻击，

爱人的伤悼。

六

他又去公园了，

我说："我也去吧！"

"你去做什么？"他自己走了。

他给他新的情人的诗说：

"有谁不爱个鸟儿似的姑娘！"

"有谁忍拒绝少女红唇的蜜！"

我不是少女，

我没有红唇了，

我穿的是从厨房带来油污的衣裳。

为生活而流浪，

我更没有少女美的心肠。

他独自走了，

他独自去享受黄昏时公园里

美丽的时光。

我在家里等待着，

等待明朝再去煮米熬汤。

七

我幼时有一个暴虐的父亲，

他和我的父亲一样了！

父亲是我的敌人，

而他不是，

我又怎样来对待他呢？

他说他是我同一战线上的伙伴。

八

我没有家，

我连家乡都没有，

更失去朋友，

只有一个他，

而今他又对我取着这般态度。

九

泪到眼边流回去，

流着回去浸食我的心吧！

哭又有什么用！

他的心中既不放着我，

哭也是无足轻重。

十

近来时时想要哭了，

但没有一个适当的地方：

坐在床上哭，怕是他看到；

跑到厨房里去哭，

怕是邻居看到；

在街头哭，

那些陌生的人更会哗笑。

人间对我都是无情了。

十一

说什么爱情!

说什么受难者共同走尽患难的路程!

都成了昨夜的梦,

昨夜的明灯。

品茗赏诗

这是1936年萧红受萧军婚外恋情的刺激后所作。诗中充满了作者的屈辱、哀怨、自慰和绝望。

雨 巷 /戴望舒

撑着油纸伞，独自
彷徨在悠长，悠长
又寂寥的雨巷，
我希望逢着
一个丁香一样地
结着愁怨的姑娘。

她是有
丁香一样的颜色，
丁香一样的芬芳，
在雨中哀怨，
哀怨又彷徨；

她彷徨在这寂寥的雨巷
撑着油纸伞
像我一样，

像我一样地
默默行着，
冷漠，凄清，又惆怅。

她默默地走近
走近，又投出
太息一般的眼光，
她飘过
像梦一般地，
像梦一般地凄婉迷茫。

像梦中飘过
一枝丁香地，
我身旁飘过这女郎；
她静默地远了，远了，
到了颓圮的篱墙，
走尽这雨巷。

在雨的哀曲里，
她的颜色，
散了她的芬芳，
消散了，甚至她的
太息般的眼光，

丁香般的惆怅。

撑着油纸伞，独自

彷徨在悠长，悠长

寂寥的雨巷，

我希望飘过

一个丁香一样地

结着愁怨的姑娘。

诗人小传

戴望舒（1905-1950），原名戴朝安，又名戴梦鸥。浙江杭州人，中国现代派诗歌代表人物。幼年患有天花，容貌因此被毁。1928年发表诗歌《雨巷》震动文坛，获得"雨巷诗人"美誉。诗人感情之路不平，曾痛苦地以一个巴掌结束了自己长达8年的苦恋。1936年，戴望舒与穆时英的妹妹相识并结婚。抗战爆发后不久，戴望舒携全家赴香港，一边做抗日宣传工作，一边主编文学杂志。1941年被捕入狱，因此致病。1950年于北京逝世。有诗集《我的记忆》《望舒草》《灾难的岁月》等传世。

品茗赏诗

《雨巷》写于1927年的夏天，是戴望舒的成名作。其时压抑的外部环境和沉郁的内部心境的交互影响，使诗人唱出了中国现代诗歌的绝唱。这首诗将象征的手法发挥得淋漓尽致，诗的意象浓而不结、繁而不乱，环环相扣、丝丝在理。雨的凄清愁怨和巷子的幽微动人、丁香和姑娘、姑娘的惆怅和诗人的彷徨相得益彰。这些共同奏出了低沉而优美的调子，唱出了诗人浓重的失望和彷徨的心绪。《雨巷》很好地吸收了西方诗歌中把握和表达现代社会的手法技巧，又很巧妙地融入了中国古典的诗情画意，是中国现代派诗歌成熟的标志。

寻梦者 / 戴望舒

梦会开出花来的，
梦会开出娇妍的花来的：
去求无价的珍宝吧。

在青色的大海里，
在青色的大海的底里，
深藏着金色的贝一枚。

你去攀九年的冰山吧，
你去航九年的瀚海吧，
然后你逢到那金色的贝。

它有天上的云雨声，
它有海上的风涛声，
它会使你的心沉醉。

把它在海水里养九年，

把它在天水里养九年，

然后，它在一个暗夜里开绽了。

当你鬓发斑斑了的时候，

当你眼睛朦胧了的时候，

金色的贝吐出桃色的珠。

把桃色的珠放在你怀里，

把桃色的珠放在你枕边，

于是一个梦静静地升上来了。

你的梦开出花来了，

你的梦开出娇妍的花来了，

在你已衰老了的时候。

品茗赏诗

　　了解这首诗之前，先了解一下当时的时代背景，"五四"运动前后，知识分子受科学和民主思想的影响，他们苦于挣扎在美好的理想与黑暗的现实之间，在诗歌的世界中寻梦。戴望舒便是这样一位，由现实世界转到诗的世界中的寻梦者。这首诗便是诗人内心世界的写照。

Waiguo Juan

外国卷

詩和遠方

分 离/哈代

急雨打着窗，震响着门枢，

大风呼呼的，狂扫过青草地。

在这里的我，在那里的你！

中间隔离着途程百里！

使我们的离异，我爱，

只是这深夜的风与雨，

只是这间隔着的百余里，

我心中许还有微笑的生机。

但在你我间的那个离异，我爱，

不比那可以消歇的风雨，

更比那不尽的光阴：邈远无期！

（徐志摩　译）

诗人小传

托马斯·哈代（1840-1928），英国诗人、小说家。他是横跨两个世纪的作家，早期和中期的创作以小说为主，继承和发扬了维多利亚时代的文学传统；晚年以其出色的诗歌开拓了英国20世纪的文学。

托马斯·哈代像

品茗赏诗

这首诗写一种情人之间分离的失落感，诗人借景抒情，营造一种具体的情感氛围，而对内心情感的表白也较为直接。诗人首先写出了一个风雨凄凄的情景，营造一种伤感的氛围，之后很快表明分离之苦。接着，诗人揭示了这种分离的本质："假使我们的离异，我爱，只是这深夜的风与雨，只是这间隔着的百余里，我心中许还有微笑的生机。"在诗人看来，这种分离比凄风苦雨和漫漫长路更令人感到煎熬："但在你我之间的那个离异，我爱，不比那可以消歇的风雨，更比那不尽的光阴：邈远无期！"其实，这种分离中更令诗人痛苦的不是距离，而是遥遥无期的时间，是那令诗人痛苦难耐的长时间的分离。全诗语言流畅，感情真挚，情与景很好地交融在一起。

詩和遠方

雪 / 古尔蒙

西茉纳，雪和你的颈一样白，
西茉纳，雪和你的膝一样白。

西茉纳，你的手和雪一样冷，
西茉纳，你的心和雪一样冷。

雪只受火的一吻而消溶，
你的心只受永别的一吻而消溶。

雪含愁在松树的枝上，
你的前额含愁在你栗色的发下。

西茉纳，你的妹妹雪睡在庭中。
西茉纳，你是我的雪和我的爱。

（戴望舒　译）

诗人小传

古尔蒙（1858–1915），法国著名诗人、小说家、剧作家和评论家，曾领导后期象征主义诗坛。他生于诺曼底一个贵族家庭，1883年进入巴黎国家图书馆工作，1891年因发表《爱国主义这小摆设》一文被怀疑叛国而被迫辞职。曾参与创办《法兰西信使》杂志，并以其为载体发表多篇知名文章。古尔蒙颇有才华，其创作涵盖诗歌、剧本、评论等多种文学体裁。他的诗，风格清新，语言优雅，影响甚广。

品茗赏诗

这是古尔蒙的诗集《西茉纳集》中的一首，开篇即是对"西茉纳"最深情的呼唤，这种呼唤是诗人向所爱之人表达纯洁而又炽热的真情的方式。"西茉纳，雪和你的颈一样白，西茉纳，雪和你的膝一样白。""西茉纳，你的手和雪一样冷，西茉纳，你的心和雪一样冷。"诗人用雪的白与冷，来形容西茉纳的纯洁和冷艳，而诗人心中则充满了爱怜和由此生出的痛楚。诗中还将雪和西茉纳进行比照，写出了恋人的爱与愁。而结尾的"西茉纳，你的妹妹雪睡在庭中。西茉纳，你是我的雪和我的爱"，则有着一种震颤人的心灵的美，带给人一种纯洁宁静、温馨美妙的情感。

一去不再来 / 叶赛宁

我不能使那清凉的夜再回来，
我不能看见自己的女友那苗条的身材，
我不能听见那支欢乐的歌，
夜莺在花园里唱，动人心怀。

那春天的夜晚已经飞逝，
你不能说："等等，再回来。"
萧杀的秋天降临了，
绵绵的雨洒尽无限悲哀。

我的女友正在坟墓中沉睡，
爱情在她的心灵深处掩埋，
秋天的风雨不会惊醒她的梦，
也不会温暖她的血液，还原她的姿态。

那支夜莺的歌终于沉默了，

因为夜莺已飞向海外，

它已不会唱出更动听的歌了，

就像在那清凉的夜里婉转低徊。

往日的亲密与欢乐已飞得远远，

那些日子过得多么畅快，

心中的感情变冷了，

啊，过去了的——永不再来！

（佚名　译）

🌀 诗人小传

叶赛宁（1895-1925），俄罗斯著名抒情诗人。出身农家。11岁赴莫斯科，当过店员和工人。1917年二月革命后加入左翼社会革命党人的战斗队。1916年出版第一本诗集《扫墓日》。曾创作长篇诗剧《普加乔夫》，诗歌《同志》《列宁》《宇宙的鼓手》等歌颂革命。1919年后成为重要的意象派诗人，注重诗的形式主义，其组诗《小酒馆的莫斯科》表现出颓废情绪。1922年与美国舞蹈家邓肯结婚并离开苏联，离异后回国。1925年出版歌颂革命和社会主义建设的诗集《俄罗斯与革命》《苏维埃俄罗斯》。1925年曾因神经错乱住院治疗，同年12月27日在列宁格勒旅馆中自杀身亡。他的诗饱含爱国之情，真挚清新、想象力丰富，长于描绘自然景色，音乐性较强。

叶赛宁像

品茗赏诗

离开农业文明进入都市的叶赛宁，他眼里的都市文明与他的精神世界格格不入。因此，他长久地处于一种悲观和绝望的情绪中，对已远离自己的事物眷恋不已，难以正视现实。在诗人的笔下，那些被怀念和眷恋的事物中没有一点城市的影子，有的只是纯朴的乡村田园风光。

"我不能使那清凉的夜再回来／我不能看见自己的女友那苗条的身材／我不能听见那支欢乐的歌／夜莺在花园里唱，动人心怀。"这是叶赛宁对古老宁静的田园生活唱出的挽歌。

"那春天的夜晚已经飞逝／你不能说：'等等，再回来。'／萧杀的秋天降临了／绵绵的雨洒尽无限悲哀。"在诗人看来，眼前的现代文明，都是那些已消失的美好事物的坟墓，诗人内心充满了悲伤与绝望。

"我的女友正在坟墓中沉睡，爱情在她的心灵深处掩埋，秋天的风雨不会惊醒她的梦，也不会温暖她的血液，还原她的姿态。"诗人觉得纯洁的情感已死亡，绝对不可能再回来，这是人类无法挽回的损失，是一种永久的失落。当一切都平静下来时，"欢欣的体验"已不存在，感情也已冰封。

诗和远方

美之歌 / 纪伯伦

我是爱情的向导，是精神的美酒，是心灵的佳肴。

我是一朵玫瑰，迎着晨曦，敞开心扉，

于是少女把我摘下枝头，吻着我，把我戴上她的胸口。

我是幸福的家园，是欢乐的源泉，是舒适的开端。

我是姑娘樱唇上的嫣然一笑，小伙子见到我，

霎时把疲劳和苦恼都抛到九霄云外，

而使自己的生活变成美好的梦想的舞台。

我给诗人以灵感，我为画家指南，我是音乐家的教员。

我是孩子回眸的笑眼，慈爱的母亲一见，

不禁顶礼膜拜，赞美上帝，感谢苍天。

我借夏娃的躯体，显现在亚当面前，并使他变得好似我的奴仆

一般；

我在所罗门王面前，幻化成佳丽使之倾心，从而使他成了贤哲

和诗人。

　　我向海伦莞尔一笑，于是特洛伊成了废墟一片；

　　我给克娄巴特拉戴上王冠，于是尼罗河谷地变得处处是欢歌笑语，生机盎然。

　　我是造化，人世沧桑由我安排，我是上帝，生死存亡归我主宰。

　　我温柔时，胜过紫罗兰的馥郁；我粗暴时，赛过狂风骤雨。

　　人们啊！我是真理，我是真理啊，你们要把这一点牢记在心里。

（仲跻昆　译）

诗人小传

　　纪伯伦（1883—1931），黎巴嫩裔美籍诗人、哲学家和艺术家，阿拉伯现代文学的奠基人之一。其出生地为黎巴嫩北部的卜舍里，那里的风景秀丽，给了他无穷的创作灵感；其家庭有着极深的文化涵养和浓重的宗教气息，对诗人的成长颇有影响。1889年，其父受到诬告，家产被抄。4年后，母亲带着他前往波士顿定居。1898年，诗人只身回国学习阿拉伯语。19岁那年，诗人遭逢母亲去世和爱情挫折的变故，日渐孤寂。后在姐姐的支持下，致力于写作和绘画。1908年，诗人留学巴黎，师从罗丹。1911年返美。1912年，诗人在神秘的宗教启示下开启自己诗歌创作的辉煌时期。用阿拉伯文写作并发表了诗集《泪与笑》《行列圣歌》等作品。后改用英文写作，创作了《沙与沫》《先知》《先知园》等著名诗集，使阿拉伯文学获得了世界性影响。1931年因病去世，遗体葬于故乡卜舍里。

纪伯伦像

品茗赏诗

在纪伯伦的心中，美是智慧的人登上真理宝座的阶梯，只有在美中才有真理和光明。"我是造化，人世沧桑由我安排；我是上帝，生死存亡归我主宰。"美成为一种具有神力的超然之物，成为主宰世间万物的神灵，成为一种宗教精神。纪伯伦对于美的热情歌颂出于他对人生与哲学的长期思考。他积极思索通向人性的完美途径，并最终认定了美对于人类的最高价值和终极意义。诗人激情澎湃，诗歌用语流畅华丽，意象和象征新颖，比喻较为生动，排比酣畅淋漓。运用典故把抽象的理念演绎得具体形象，肯定了美的崇高价值，引发人们对于美的神往和膜拜。

詩
和
遠
方

一个少女 / （古希腊）莎孚

　　好比苹果甜蜜的，高高转红在树杪，

　　向了天转红——奇怪，摘果的拿她忘掉——

　　不，是没有摘，到今天才有人去拾到。

　　好比野生的风信子茂盛在山岭上，

　　在牧人们往来的脚下她受损受伤，

　　一直到紫色的花儿在泥土里灭亡。

（朱湘　译）

诗人小传

　　莎孚（出生于约公元前7世纪），古希腊女诗人，出生于爱琴海上的莱斯博斯岛。莎孚被称为"第十缪斯"，著有诗集九卷，但如今大都散轶，只存一些断简残编。莎孚才华横溢，其诗作受到古希腊著名哲学家柏拉图的推崇。

品茗赏诗

莎孚这首小诗中描述的少女，她芳龄几何，家居何方？我们都无从知道。但从格调忧伤的诗句中，我们可以约略感知她的命运。此诗的两节，用了类似中国古典诗歌的"比兴"手法，以形象的譬喻为少女的命运留下剪影。

第一节中，以甜苹果取譬。她也曾拥有青春芳华，像甜蜜的苹果，高挂枝头，从青涩渐渐红熟，等待摘果的人摘取。然而不知何故，却一直被悬吊在枝上，遭受冷落，备感孤寂。她也曾对自己的人生充满期许，"向了天转红"，但最终的命运却是零落于地，"到今天才有人去拾到"。

第二节中，以风信子作比。她像野生的风信子，也有过勃发的生命，开放在高高的山岭，散发出迷人的幽香。然而没有人把它供养在清雅的花瓶，也没有人把它簪戴在乌黑的秀发……甚至不能随风飘摇，自然开落，它在牧人们往来的脚下，遭受无情的践踏和踩躏，直至紫色的花朵化为尘泥。如此遭际，不免让人深深叹惋。

莎孚在诗中选取的这两个意象，在当今的读者中很容易引起共鸣。在西方，苹果常用来比喻爱情，诗中"转红"而未摘的苹果，可能象征失落的爱情，而紫色的风信子则有着悲伤忧郁的花语。本诗中的少女，其生平虽然朦胧模糊，但她的人生命运，通过莎孚的精妙比喻和绵绵诗情，穿透千年岁月，引人共伤共悼。让人深深体味一番由命运的无常导演的一幕悲剧。

诗和远方

夜 歌 / （德）歌德

暮霭落峰巅
无声，
在树杪枝间
不闻
半丝清风；
鸟雀皆以展翼埋头：
不多时，你亦将神游
睡梦之中。

（朱湘 译）

诗人小传

歌德（1749-1832），出生于美因河畔的法兰克福，是最伟大的德国作家之一，也是世界文坛耀眼的明星。歌德是德国文学史上狂飙运动的主将，他一生著述颇丰，写下大量诗歌、散文和戏剧，包括《少年维特之烦恼》《浮士德》等经典名作。

品茗赏诗

卓荦不凡的歌德，不仅写就了长达万行的诗剧《浮士德》，还常常在生活中应景即兴，寻觅小诗。他说："我的全部诗都是应景即兴的诗，来自现实生活，从现实生活中获得坚实的基础。"他以超人的智慧，从人们惯见的平凡现实中发现诗情，就像这首《夜歌》。

暮色四合中，诗人放眼远眺，远山的雾霭无声地沉落，夜的气氛渐渐浓重。视线移到近处，在林丛树间，连半丝清风都没有，枝叶不摇，风声不闻，一切都融入夜晚的静谧。在树枝上，鸟雀们都保持着安详的睡姿，伸开翅膀，埋头其间，呈现一片"鸦雀无声"的寂静。此情此景，一阵倦意未免袭上心头，人们也将渐渐神游梦中……

本诗富有层次感的景物描写，营造出入夜的浓厚氛围，更产生一种神奇的催眠效果。这首《夜歌》是歌德的"静夜思"，更像一首催眠曲。歌德好像神奇的催眠师，以他的诗歌为道具，诱人缓缓入眠。当人们伴随诗句，产生联想，就会渐渐融入歌德渲染的诗境，仿佛进入催眠模式。随着诗境一层层递进，睡意一步步加深，读至末句时，你可能真的"将神游睡梦之中"了。这首《夜歌》像入眠的魔咒，展现了歌德的魔力，诗歌的魔力。

野花歌 / （英）布莱克

我踯躅在林中，
在青青的树叶间，
我听一朵野花，
唱着清歌一片。

"我睡在尘土中，
在沉寂的夜里，
我低诉我的恐惧，
我就感到了欣喜。

在早晨我前去，
和晨光一般灿烂，
去找我的新快乐；
可是我遭逢了侮慢。"

（戴望舒 译）

诗人小传

布莱克（1757-1827），英国浪漫主义诗人、版画家，是英国文学史上最伟大的诗人之一。布莱克出身贫寒，虽未受过正规教育，但富于艺术才华。布莱克的诗作想象丰富，充满哲思，讲究形式美，有很多杰出作品享誉世界文坛。

品茗赏诗

"一沙一世界，一花一天堂。"布莱克的诗总是在丰富的想象中寄寓哲思，这首《野花歌》也是如此。诗人踯躅林间，邂逅一朵野花，于是陷入沉吟，仿佛听到野花的歌声。这朵青青叶间的花儿，像一个精灵。诗人发挥想象，以民谣形式，道出这林中精灵忧郁的心曲。

栖身于尘土中，沉浸在暗夜里，小小的花朵也未免恐惧。它轻轻低诉这恐惧之情，但低诉的对象是谁？或者是林中的清风，或者是山间的明月……但更像是自言自语。当它低诉恐惧时，竟感到欣喜，也许是因为晨曦已现，看到了黎明的光景。当暗夜退去，清晨来临，野花不禁兴高采烈，心情无比灿烂，它急切地寻找新的快乐。不幸的是，刚摆脱黑夜的恐惧，又遭逢清晨的侮慢。诗的末句虽戛然而止，但我们似乎听到一声失望的吁叹。

借物抒情，是诗人们惯用的手法。布莱克一生简单平静，他在艺术方面极具天赋，但又缺乏在世俗社会获得成功的才能。有人评价说："对这个世俗世界的事物他是完全隔离的。"

在生活中，布莱克未免因离群索居而感到孤寂，就像暗夜中的野花；他也可能尝试去融入世俗的世界，如野花一样"去找我的新快乐"，但现实中的"傲慢"又让他放弃这种念想，继续远离尘世，以追求艺术为幸福。这首《野花歌》，或许是布莱克借野花之口自诉孤寂衷肠。

终 / （英）兰德

我不争，因无人值得我的争斗，
自然我最爱了，其次便推艺术——
我在人生的火炉前暖着双手，
炉火熄了，我也更无什么踌躇。

（朱湘　译）

诗人小传

兰德（1775-1864），英国作家和诗人，在牛津大学接受过教育。兰德精通罗马文学，许多著作以拉丁文写就。兰德在他89年人生中，创作了大量作品，包括抒情诗、散文、剧本等。

品茗赏诗

这首《终》写于1850年，兰德75岁生日时。历经人世繁华，渐渐步入暮年的诗人，以这首精短小诗来总结自己的人生。"我不争，因无人值得我的争斗"，诗人达观的生命感悟引起很多人的共鸣。

中国古代思想家老子说，"圣人之道，为而不争"。在兰德看来，人世的争斗是不值得的，他对此也很不屑。争名夺利，纷纷扰扰，不过是徒然浪费生命。人生的美好时光还有很多有意义的事情可做。对兰德来说，"自然我最爱了，其次便推艺术"。脱离凡尘俗务，纵情山水之间，体悟自然之美，对很多人来说都是一大乐事，兰德也是如此。除了对自然的钟爱，兰德还痴心于艺术，他笔耕不辍，写就大量文艺作品，为世人留下优秀的精神遗产。

诗人的"不争"不是对生活的厌倦，他以热爱自然和艺术的方式热爱着生活，"在人生的火炉前暖着双手"。但诗人也意识到，生命之火终有燃尽的时候。许多懦夫，不敢面对死亡，而在诗人眼中死只是自然的规律，顺其自然就好。当"炉火熄了"，生命将尽，也没有什么可留恋的，诗人"更无什么踌躇"。

兰德的《终》是一段参透人生的絮语，中国人很容易体悟其中意境。中国传统中"不戚戚于贫贱，不汲汲于富贵"的人生态度，"死去何所道，托体同山阿"的生死观念，与兰德的诗境相通。这首小诗在中国很多译本，也有很多知音，堪称脍炙人口。

詩和遠方

秋 曲 / （英）济慈

雾气洋溢果实黄熟的秋，

你与成熟的太阳是伙伴——

你们同用了累累的珠球，

缀满茅檐下的葡萄藤蔓，

你们使苹树负密实弯腰，

使榛实紧抱在核的中央，

使葫芦腹大，使一切果实脸红，

你们为蜜蜂开迟结的苞，

使他们以为永远有暖阳，

虽然夏已填满它们的黏巢中。

我们可以寻得你于谷仓，

出外寻你的人亦可相遭，

见你安闲地坐在打麦场。

头发随着簸谷的风轻飘，

或为罂粟花的浓息所醉。

你酣卧于温暖的秋阳下，

让镰刀在半刈的犁沟侧闪光。

有时你肩负谷袋驼起背，

影落水中，或看守榨酒架。

你耐心瞧着徐徐滴下的酒浆。

春歌去了哪方？去了哪方？

不提罢你岂无你的音乐——

当扇形的雪映落日腾光，

分晖到只余谷根的阡陌，

这时河干柳树下的小虫，

齐扬起它们怨诉的歌声，

时高又时低，随了微风的生灭，

群羊嘻笑着驰走下山峰，

篱蛩与园内的红襟齐吟，

丛飞的燕子在空中呢喃不歇。

（朱湘　译）

诗人小传

济慈（1795-1821），英国诗人，出生于伦敦。济慈是英国浪漫主义诗派的杰出代表，被推崇为"英国19世纪最杰出的诗人"。济慈命途多舛，在他短暂的一生中，创作出很多脍炙人口、光耀世界的经典诗作，如《秋曲》《夜莺颂》等。1821年，济慈因肺结核在意大利逝世，葬于罗马城外。遵照济慈遗嘱，他的墓碑上没有留下名字，但镌刻着他亲自拟定的墓志铭："此地长眠者，声名水上书。"

济慈像

品茗赏诗

秋天是诗人们诗兴勃发的季节，许多经典诗篇在秋天写就，包括这首被称为"完美之作"的《秋曲》。1819年9月的一个星期天，济慈漫步英国温切斯特的乡间，目睹庄稼收割后的乡野，不仅感叹"这个季节多么美妙"，觉得"它比春天里冷冰冰的绿意要好多了"，以至于动了诗情，沉吟起来。这次沉吟，就诞生了这首著名的《秋曲》。

诗的第一节，诗人以繁复的意象，描绘秋天丰收的盛景。葡萄、苹果、榛子等成熟的果实，遍布田野。在这些静景中，还有一点动态的点缀，迷醉在秋天的蜜蜂，让画面显得生动。诗的第二节，描绘了秋收后的景象，画面更为灵动。秋天的气息充盈在谷仓中，游离在打麦场……"头发随着簸谷的风轻飘"，虽为写实，却非常传神。诗的第三节，诗人以美妙的诗笔演奏了一阕秋声。"自古逢秋悲寂寥，我言秋日胜春朝"，在济慈心中，春歌固然美妙，但秋声同样不俗。小虫、群羊、篱蛩、燕子等众声和鸣，或怨诉，或齐吟，或呢喃不歇……读诗之人略一想象，便会沉醉其中。

济慈说过："对一个大诗人来说，对美的感觉压倒了一切其他的考虑，或者进一步说，取消了一切的考虑。"那么什么是美呢？在济慈看来，"美即是真，真即是美"。《秋曲》作为世人推崇的经典名作，它的魅力来自于诗人对自然的细致观察，这种观察以神来之笔真实生动地描述出来，在人的脑海里展现了一幅秋天的美好图景。沉吟此诗，让人神往！

入 定 / （法）波德莱尔

乖一点，我的沉哀，你得更安静，

你吵着要黄昏，它来啦，你瞧瞧：

一片幽暗的大气笼罩住全城，

与此带来宁谧，与彼带来烦恼。

当那凡人们的卑贱庸俗之群，

受着无情刽子手"逸乐"的鞭打，

要到奴性的欢庆中采撷悔恨，

沉哀啊，伸手给我，朝这边来吧，

避开他们。你看那逝去的年光，

穿着过时衣衫，凭着天的画廊，

看那微笑的怅恨从水底浮露，

看睡在涵洞下的垂死的太阳，

我的爱，再听温柔的夜在走路，

就好像一条长殓布曳向东方。

（戴望舒 译）

诗人小传

波德莱尔（1821–1867），法国著名诗人，象征派诗歌的先驱人物，现代派的奠基者。波德莱尔1841年开始诗歌创作，1857年发表的诗集《恶之花》摒弃传统，大胆创新，多有表现丑恶的题材，以致以妨害风化的罪名被法庭判罚，但波德莱尔的诗作在世界文坛产生深远影响，其艺术魅力经久不息。

品茗赏诗

这是一首忧郁的诗，是诗人黄昏时的独语。当幽暗来临，沉哀在心中泛起。这种黯淡的忧伤被节制着，压抑在内心里，不使它吵着黄昏，也不要去沾染"卑贱庸俗之群"。忧伤的苦酒，诗人只愿独自品尝。一想起逝去的时光，内心的怅恨"从水底浮露"，然而此时岁月依旧流淌。"垂死的太阳"，让人更觉时光易逝。另一方面，时光的逝去也意味着死亡的来临，诗的最后一句，诗人把黑夜运行比作拖行长长的裹尸布，暗喻时光与死亡的关系。

诗人是忧郁的，也是孤独的。这首诗所显现的风格，也是波德莱尔生活的常态。他曾说"迷失在这个卑鄙的世界里，被人群推搡着，我像个筋疲力尽的人"。在本诗中，波德莱尔对人群的态度是鄙弃的。他们所享受的人间"逸乐"，被视为无情刽子手的鞭打；他们做着世俗的奴隶，却注定要在"欢庆中采撷悔恨"。诗人游离在人群之外，没有精神的同类，独自享受孤独。

整首诗中，诸如"幽暗的大气""过时衣衫""垂死的太阳""长殓布"等灰暗意象，渲染了诗人孤寂的情绪，呈现一种忧郁沉闷的格调。在波德莱尔看来，"沉闷往往是美的一种装饰"。读这首《入定》，如果能够和诗人产生情感的共鸣，能够领略这朵"恶之花"的美感，那么你和波德莱尔之间或许就是"精神的同类"。

自由与爱情 / （匈牙利）裴多菲

生命诚可贵，

爱情价更高。

若为自由故，

二者皆可抛。

（殷夫　译）

🌊 诗人小传

裴多菲（1823-1849），匈牙利爱国诗人、民族英雄，也是匈牙利民族文学的奠基人。裴多菲出生于贫困的屠户家庭，一生反抗侵略和奴役，在他的诗作中也有鲜明的体现。裴多菲不但是一位诗人，也是坚强的革命斗士，积极参与民族解放的斗争。1849年，裴多菲在瑟克什堡同沙俄军队作战时牺牲，年仅26岁。

☕ 品茗赏诗

"海空凭鱼跃，天高任鸟飞。"自由的境界是人们不懈的追求。裴多菲这首流传甚广的小诗，把生命、爱情与自由放在价值的天平上，进行考量权衡。生命固然珍贵，爱情也很美好，但脱离自由的亮丽底色，生命必然黯淡，爱情也会苦涩。在诗人看来，对自由的追求，甚至可以舍去生命，抛弃爱情，正所谓"不自由，毋宁死"！审视裴多菲以生命争取自由的人生，正是这首小诗的完美注脚。

然而，有时我们不禁困惑，"自由"这个词到底指什么？法国著名社会心理学家勒庞说，"含义最不确定的词语，往往拥有最强大的影响力"。他还指出，"死在词语和套话威力下之下的人数不胜数，单用他们的尸骨，就足以建起一座比奇奥普斯（注：古埃及最大的金字塔）还要高耸的金字塔"。纵观人类历史，很多血腥的事实都可以作为勒庞上述言论的印证。在法国大革命时期，面对雅各宾派的屠刀，罗兰夫人留下这样的名言："自由，多少罪恶假汝之名以行。"

而在法国存在主义哲学家萨特看来，"人命定是自由的"。自由先于人的本质，每个人都有自由选择的权利，做出什么样的选择决定自己成为什么样的人。比如躺在床上，你可以选择早睡，也可以选择晚起，但选择晚起你就要自行承担迟到的责任。选择的自由有时并不给人带来喜悦，反而滋生苦恼，因为有选择，就有责任。有时人们面对选择，备感惶恐，因为惧怕承担选择的后果。所以勒庞说，"始终支配着群体心灵的，不是对自由的渴求，而是对被奴役的渴求"。只有那些内心强大的人，才能真正把握自己的自由。

歌 / (英) C.G.罗塞蒂

我死了的时候，亲爱的，

别为我唱悲伤的歌；

我坟上不必安插蔷薇，

也无须浓荫的柏树；

让盖着我的青青的草

淋着雨，也沾着露珠；

假如你愿意，请记着我，

要是你甘心，忘了我。

我再不见地面的青荫，

觉不到雨露的甜蜜；

再听不见夜莺的歌喉，

在黑夜里倾吐悲啼；

在悠久的昏暮中迷惘，

阳光不升起，也不消翳；

我也许，也许我记得你，

我也许，也许我忘记。

（徐志摩　译）

诗人小传

C.G.罗塞蒂（1830–1894），英国最重要的女诗人之一，出生于伦敦。罗塞蒂家族有着浓郁的文艺氛围，C.G.罗塞蒂的哥哥但丁·加百利·罗塞蒂是著名的画家和诗人。在家庭氛围的熏陶下，C.G.罗塞蒂很早就表现出卓越诗才，12岁时就开始诗歌创作。她的主要作品集有《妖魔集市》《王子的历程》等。

品茗赏诗

这首诗是关于死亡的默想。死亡是每个人逃脱不了的宿命，"修短随化，终期于尽"。孱弱者不敢面对死亡，C.G.罗塞蒂在本诗中，以"交代后事"的口吻对死亡的情形做了诸多想象。

第一节中，当死亡来临，亲近的人难免悲伤，诗人却不要听"悲伤的歌"。即便坟墓也不须过多装饰，不必有芬芳的蔷薇，不必有浓荫的柏树，只需青草覆盖，雨露浸润。至于我呢，"假如你愿意，请记着我；要是你甘心，忘了我"，完全随你，看似十分洒脱。

第二节中，却表现出丝丝忧伤。虽然在坟上盖着"青青的草"，但却再看不到这青荫。雨露的甜蜜，夜莺的悲啼，也不能再感受。这些富有生机的事物，越发衬托死去之后一切成空的感伤。作为生命之源的太阳，对于死去的人来说也丧失了意义，"阳光不升起，也不消翳"。对于你呢，我记得或者忘记，都只能是"也许"。

在这短短两节诗中，糅合了诗人对于生死的复杂情感，其中既有对死的淡然，也有对生的留恋。其实无论死后的情形如何，比如地面的青荫或者雨露的飘零，都是不须着意的事情。诗人所在意的，是自己亲爱的人，是两人之间曾经绵绵的情谊。无论是"你"还是"我"，都不可能轻易割舍。长相记忆，似有不必；决然忘记，又显无情。

在火车中一次心软 / （英）哈代

在清朝时过一座教堂，

再过去望见海滨的黄沙，

正午过一处烟黑的村庄，

下午过一座森林，黑橡与赤杨，

最后瞥见了月台上的她：

她不曾见我，这光艳的妙影。

我自问："你敢在此下车，为她？"

但我坐在车厢里踌躇未定，

车轮已经离站开行。顽冥！

假如你曾经下车，为她！

（徐志摩　译）

🌀 诗人小传

　　哈代（1840-1928），英国诗人，小说家，出生于英国多赛特郡。
哈代是横跨两个世纪的作家，早期和中期的创作以小说为主，一生发表了20多部长篇小说，其中有蜚声世界文坛的《德伯家的苔丝》《无名的裘德》等。哈代晚年的创作以诗歌为主，有8部诗集。1910年，哈代获得英国文学成就奖。

品茗赏诗

这首诗表现诗人在旅途中，经历的一次美丽邂逅，既让人惊艳，又引人遐想。旅途往往寂寞，诗人乘坐火车漫无目的地欣赏沿路风景。从清晨到午后，教堂、黄沙、村庄和森林，从眼前掠过的景物，徒增诗人的寂寥。而这一切的景物描写，不过是一个长长的铺垫，为了引出最后那让人惊艳的一眼。在沿途停靠的月台上，有一个"光艳的妙影"。虽然只是诗人不经意地瞥见，但已在他心中荡起涟漪，引发慕恋的情愫。

诗的第二节，诗人着力于心理的表现。虽然诗人一见钟情，但月台上的美人并没有注意到他。诗人坐在车厢中，看似不动声色，但心中却思绪翻涌。"你敢在此下车，为她？"虽是一句自问，却表现出内心的挣扎。然而，诗人正在踌躇未定之时，火车已驶离车站。"冥顽"，是一种自叹自悔的情绪，因为没有下车，与美人永远地错过。但即使下车又如何呢？可能她早有家室，或心有所属，但也可能喜结良缘，成就一段幸福……这种不确定性，更让人浮想联翩。

本诗节奏的推进，有着完整的开端、发展、高潮和结局。每一层推进，都有一种对应的情绪在里面。前期的旅程平静而寂寥，月台的一瞥惊艳而心动，内心的挣扎矛盾而激烈，无缘的邂逅失落而怅惘……极具戏剧性的情节描述，和多层次的情绪变化，让这首小诗显得婀娜多姿，张力十足。

詩
和
遠
方

一个暗黑的睡眠 / （法）魏尔伦

一个暗黑的睡眠
坠到我生命上：
睡罢，一切冀愿，
睡罢，一切奢望！

我从此一无所见，
我失去了好歹，
一切的记忆……
哦，往事悲哀！
我是一个摇篮，
在一个墓窟里
被一双手摇动：
静些，静些！

（戴望舒　译）

诗人小传

魏尔伦（1844-1896），法国象征派诗人。魏尔伦的诗作音韵优美，格调忧伤，因其语义通俗，朗朗上口，受到读者喜爱。

品茗赏诗

在汉语语汇里，有一个词来形容深度睡眠，叫作"黑甜"。魏尔伦在此诗中所表现的，正是一次"暗黑的睡眠"。但在诗中，要睡去的仿佛不是诗人自身，而是活跃在心中的那些"冀望"与"奢望"。它们让人伏于枕上，辗转难眠。"睡罢""睡罢"，不是祈使的语气，而是温柔的安抚。生活中的种种欲望，岂是那么容易安息？

"我从此一无所见，我失去了好歹，一切的记忆……"，诗人闭上双眼，放空自己。这是一种缓缓入睡的状态，更像是在以自我暗示的形式催眠。然而就在将要入梦的当口，不能平复的记忆重又涌上心头。"哦，往事堪哀！"这一声无奈的浩叹，像是诗人梦中的呓语。即使在睡梦中，依然忘不了悲哀的往事，诗人潜意识的暗流挟带着痛苦。

诗人把睡眠中的自己，比作"一个摇篮"，放置在一个墓窟里。这一意境中，有两个层次的空间。最外是墓窟，其次是摇篮，轻轻晃动的摇篮，更显墓窟的死寂。别有意味的是，摇篮不过是供婴儿睡觉的卧具，诗人以"摇篮"自比，那安睡在摇篮里的是谁呢？正是那"一切的冀望""一切的奢望"与悲哀的往事，它们就像不安分的"婴儿"。诗人从意念中伸出的双手，嘴里念叨着"静些，静些"，轻轻安抚着它们。诗人这一段"暗黑的睡眠"，细细体味，颇不宁静，更像是一场可怕的梦魇。

詩。和遠方

风 车／（比利时）维尔哈伦

风车在夕暮的深处很慢地转，
在一片悲哀而忧郁的长天上，
它转啊转，而酒渣色的翅膀，
是无限的悲哀，沉重，而又疲倦。

从黎明，它的胳膊，像怨诉的臂，
伸直了又垂下去，现在你看看
它们又放下了，那边，在暗空间
和熄灭的自然的整片沉寂里。

冬天苦痛的阳光在村上睡眠，
浮云也疲于它们阴暗的旅行；
沿着收了它们的影子的丛荆，
车辙行行向一个死灭的天边。

在土崖下面，几间桦木的小屋

十分可怜地团团围坐在那里；

一盏铜灯悬挂在天花板底下，

用火光渲染墙壁又渲染窗户。

而在浩漫平芜和朦胧空虚里，

这些很艰苦的破屋！它们看定

（用着它们破窗的可怜的眼睛）

老风车疲倦地转啊转，又寂寞。

（戴望舒　译）

诗人小传

维尔哈伦（1855–1916），比利时象征主义诗人、剧作家，用法文写作。维尔哈伦在1881年开始写诗，1883年发表第一部诗集《佛兰芒女人》。其早期诗作格调忧郁，后接近工人运动，开始把目光投向现实，注意社会题材，成为"现代生活的诗人"。

品茗赏诗

魏尔哈伦的这首诗，充满忧郁的格调。诗中，包括风车在内的每一个意象，都带着悲哀的情绪。夕暮中的风车，运行的姿态是"很慢地转"，沉重而疲倦，显得有气无力。它的背景是"悲哀而忧郁"的长天。从黎明开始，直到沉寂的黄昏，它的胳膊像带着怨诉，"伸直了又垂下去"。

在诗人的极力渲染下，风车四围的景致带着同样的悲哀。诗人以拟人的手法，赋予"冬天的阳光"以情绪，在诗人看来，它是苦痛的。"阴暗的旅游""死灭的天边"……在苦痛的阳光覆照下，所有事物都被苦痛的情绪传染。

与风车相对的，还有几间惨破的桦木小屋，在土崖下边"团团围坐"。它们的情态如何呢？"十分可怜"。就连木屋中悬挂在天花板的铜灯，射出的火光也显得那么空虚。在诗人看来，小屋的破窗就像"可怜的眼睛"，在朦胧空虚中盯着疲倦的老风车。破木屋和老风车是本诗中的主要意象，它们就像是两个垂暮的老人，患着一样的忧郁病，彼此相望，同病相怜。

王国维说："有有我之境，有无我之境。"这首《风车》中虽然不见诗人的影子，但这一片凄清愁苦的风景，无不是诗人的所观所感，也处处带着诗人的情绪色彩。所谓"一切景语皆情语"，这片风景之后其实是诗人心中的绵绵悲哀，是那解不开荡不去的寂寞空虚。

诗 和 远 方

死 / （英）华特生

世间的人不须惧怕死亡：

天堂既无，也便不愁地狱。

人生之宴我们已经品尝，

地下虫蚁难道就该死去？

（朱湘　译）

诗人小传

华特生（1858-1935），英国诗人，出生于西约克郡。华特生是19世纪90年代的多产诗人，写了大量抒情诗和政治诗。他是英国诗歌的传统派，所写的政治诗在当时大受欢迎，在桂冠诗人丁尼生逝世后，华特生曾是桂冠诗人的有力人选。

品茗赏诗

我们常说，"生死之外，再无大事"。对多数人来说，对死亡有天生的恐惧。古往今来，凡俗的人们以种种形式抗拒死亡。或者寻求长生不死之药，冀望与天地同寿；或者在宗教中找寻慰藉，幻想在天堂得到永生……对死亡的认识，是一个人基本的人生观。华特生的这首《死》，反映了他对死亡的认识。

开宗明义第一句，华特生郑重其事地宣称："世间的人不须惧怕死亡。"为什么呢？因为天堂不存在，所以也不必为地狱愁苦。天堂和地狱，在宗教里是人们死后灵魂的两种归宿。极乐的天堂，人人向往；阴森的地狱，人人恐惧。很多时候，人们对死亡的恐惧，往往来自对地狱苦难的幻想。英国思想家培根在《谈死亡》中说，"死亡的声势比死亡本身更为恐怖"。

天堂或者地狱，是一种宗教意识，是唯心主义的事物。在本诗中，华特生所持的是一种唯物主义的生死观。在他看来，天堂和地狱不过是心中的虚设，既然不存在地狱的种种苦难，那么也没有必要惧怕死亡。对贪生怕死的行为，华特生还进行了调侃："人生之宴我们已经品尝，地下虫蚁难道就该死去？"华特生把生命的终结看作一件自然之事，历经世间繁华，人们终将死去，尸身降解腐化，成为地下虫蚁的食物。在华特生眼里，众生应该平等，不能人人贪恋于生，而置虫蚁们于不顾。华特生对死亡的认识，既是自然的，也是达观的。

第一次的茉莉 / （印度）泰戈尔

呵，这些茉莉花，这些白的茉莉花！

我仿佛记得我第一次双手满捧着这些茉莉花，这些白的茉莉花的时候。

我喜爱那日光，那天空，那绿色的大地；

我听见那河水淙淙的流声，在黑漆的午夜里传过来；

秋天的夕阳，在荒原上大路转角处迎我，如新妇揭起她的面纱迎接她的爱人。

但我想起孩提时第一次捧在手里的白茉莉，心里充满着甜蜜的回忆。

我生平有过许多快活的日子，在节日宴会的晚上，我曾跟着说笑话的人大笑。

在灰暗的雨天的早晨，我吟哦过许多飘逸的诗篇。

我颈上戴过爱人手织的醉花的花圈，作为晚装。

但我想起孩提时第一次捧在手里的白茉莉，心里充满着甜蜜的回忆。

（郑振铎　译）

诗人小传

泰戈尔（1861-1941），印度著名文学家、哲学家、社会活动家。泰戈尔出生于印度加尔各答一个贵族家庭，在文学修养方面受到家庭的熏陶。他从小就醉心于诗歌创作，13岁起就开始写诗。泰戈尔一生写下大量诗作，代表作有诗集《吉檀迦利》《飞鸟集》《园丁集》《新月集》等。1913年，泰戈尔成为亚洲第一位获得诺贝尔文学奖的作家。1924年，泰戈尔还访问了中国，与徐志摩等结下深厚情谊。

品茗赏诗

在我们的人生中，总有很多美好的初体验。在这首诗里，诗人念念不忘的，是"第一次捧在手里的白茉莉"。相隔经年，诗人又看到白色的茉莉花，内心洋溢着幸福喜悦，并产生对往日的遐想。诗人回忆起第一次双手满捧白茉莉的时候，往日情形历历重现。当初的日光、天空、大地，以及淙淙的流水，因着白茉莉，又从记忆深处被勾起。回忆往事，诗人心中"充满着甜蜜"。

虽然在诗人的生活中，并不缺乏快乐，节日晚会上的肆意说笑，雨中清晨的低声吟哦，或是戴上爱人手织的花环……然而这些美好的瞬间并不能把孩提时的记忆遮掩。为什么诗人对那捧白茉莉念念不忘？因为它的美丽，还是它的芬芳？诗人所眷恋的，不过是手捧白茉莉的那段幼年时光。

年华易逝，岁月易老。每当感到时光的流失，人们总会沉浸在回忆里。回忆，仿佛让人又重活了一次。幼年时光是人生的初始，天真而烂漫，也是人们长相记忆的一段。因为没有太多可欲可求的事情，幼小的心灵很容易得到满足，就像诗人为着一捧白色的茉莉花，就能感受长久的甜蜜。这种甜蜜是纯真的，并且一直延续。成年之后，往往丧失往日的那份纯真，所谓的快乐有时不过是欲望的短暂满足，随即就会感到乏味和空虚。所以，"孩提时第一次捧在手里的白茉莉"一直是诗人心中甜蜜的回忆。

凄暗的时间 / （比利时）梅特林克

这里走过往昔的愿望，

还有疲人的幻境，

还有衰颓的梦想；

那里是希望的往日盈盈！

今朝还要逃向何方！

已没有一点天星；

只有烦怨披着冰霜，

只有片片的月色幽青。

还有那陷阱中的呜咽，

你看那些无火的病者，

你看那些绵羊龈着白雪；

垂怜一切罢，我的主宰！

我啊，我等待着些苏醒；

我啊，我等着飘过了睡眠；

我等着些阴光晶晶，

照在我被寒月冰冻的手间。

（戴望舒　译）

诗人小传

梅特林克（1862-1949），比利时诗人、剧作家、散文家，用法语写作。梅特林克是象征派戏剧的代表作家，他的剧作梦幻神奇，充满诗意，代表作品有《青鸟》等。梅特林克被誉为"比利时的莎士比亚"，1911年获得诺贝尔文学奖。

品茗赏诗

时间是真实存在的，它永远向前；时间又是抽象的，它抓摸不住。富有想象力的人们以精妙的比喻，赋予时间以形象，说它像东逝的流水，像捉不住的鼬鼠……在这首诗中，梅特林克则以隐喻和象征，描述了一段"凄暗的时间"。

诗的第一节，描述了逝去的时间。时光轻轻地"走过"，被它裹挟着的，有"往昔的愿望""疲人的幻境"，还有"衰颓的梦想"。愿望总是指向未来，往昔则已属过去，所谓"往昔的愿望"，暗指愿望的失落。努力过的人，虽然疲倦但一事无成，那么往日对他来说，皆成"疲人的幻境"。还有美好的梦想，随着时光流逝，渐渐衰颓，不再强烈。"往日"就像黑洞，带走曾经的希望。"希望的往日"不是美好的回忆，而留有绵绵的遗恨。

往日已不可留？然而今天呢，要逃向何方？"没有一点天星"，也就没有指示方向的凭依。"烦怨披着冰霜""月色幽青"，诗人以冰冷的色调，暗喻现实的冷峻。"陷阱中的呜咽""无火的病者"还有"绵羊龈着白雪"，这些意象渲染出现实的困顿，让人跳脱不出，充满绝望。所有这一切，都渴望垂怜。

往日的愿望业已成空，那么对于未来呢？诗人已不再积极作为，选择安静地等待。即使这等待，也不敢有过多的奢望，不过是"等待着些苏醒"，"些"表现了所求甚微。"等着飘过了睡眠"，而不是去主动唤醒。而对于"冰冻的手"呢，只等着本就寒冷的"阴光晶晶"来温暖。这一首幽冷凄清的诗，读来让人心寒。

詩和遠方

烦 怨 /（英）道生

我并未忧愁，又何须哭泣；
我全身的记忆今都消歇。

我看那河水更洁白而朦胧；
自朝至暮，我只守着它转动。

自朝至暮，我看着潇潇雨滴，
看它疲倦地轻敲窗楄。

那世间一切，我曾作几度追求，
今已都深厌，但我并未忧愁。

我只觉得她的秀目与樱唇，
于我只是重重的阴影。

终朝我苦望她的饥肠，

未到黄昏时候，却早已遗忘。

但黄昏唤醒了忧思，我只能哭泣。
啊，我全身的记忆怎能消歇！

（戴望舒　译）

诗人小传

道生（1867-1900），英国唯美主义诗人。道生曾肄业于牛津大学，后因家庭破产而辍学。道生一生波折，其诗歌情感真挚，音韵优美，多抒发身世的颓废之作。道生曾热恋一位饭店老板的女儿，失恋后酗酒放浪，以致贫病交加而死，终年仅33岁。

品茗赏诗

恋爱中的人总是情绪无常，就像这首《烦怨》所表现的一样。诗人在第一句中，坦陈自己"并未忧愁"，所有的记忆也不再有。他终日默默相对的，是滔滔河水，冷雨幽窗，其中却透着一股百无聊赖之感。诗人一再强调，这世间的一切都已深厌，他"并未忧愁"。然而事实并非如此，他全身的记忆从未消歇，只是被埋藏心底。转瞬之间他又回忆起恋人的秀目和樱唇，但对于诗人来说已是重重阴影。终日看河观雨的诗人，其实是对恋人"终朝苦望"。这份浓情蜜意，诗人始终不肯轻易承认，他说"未到黄昏时候，却早已遗忘"。然而，黄昏像触发忧思的机关，诗人的悲伤决堤，忍不住哭泣。直至最后，他才道出自己真正的心声："啊，我全身的记忆怎能消歇！"

　　爱情的磨折让诗人如此痛苦，但他不愿人看出他的脆弱，极力掩饰，故作坚强。只是昔日的美好怎能忘记？内心的烦愁终究决堤。我们把诗的首尾略作比较，就能感受诗人识尽人间愁，欲说却还休的那种情态。有人说，"我们生活中的烦恼一旦被描绘出来就变得饶有趣味"。如果作为旁观者，我们与诗中角色拉开距离，《烦怨》中所描绘的忧愁颇堪玩味。而那些品尝过爱情苦酒的人们，对诗人这种复杂情感，必然会抱有一份理解的同情。这首《烦怨》之所以能表现如此真挚的感情，因为诗人爱得深。

天要下雪了
（赠Léopold Bauby） / （法）耶麦

天要下雪了，再过几天。我想起去年。
在火炉边我想起了我的烦忧。
假如有人问我："什么啊？"
我会说："不要管我吧。没有什么。"

我深深地想过，在去年，在我的房中，
那时外面下着沉重的雪。
我是无事闲想着。现在，正如当时一样
我抽着一支琥珀柄的木烟斗。

我的橡木的老伴侣老是芬芳的。
可是我却愚蠢，因为许多事情都不能变换，
而想要赶开了那些我们知道的事情
也只是一种空架子罢了。

我们为什么想着谈着？这真奇怪；

我们的眼泪和我们的接吻，它们是不谈的，

然而我们却了解它们，

而朋友的步履是比温柔的言语更温柔。

人们将星儿取了名字，

也不想想它们是用不到名字的，

而证明在暗中将飞过的美丽彗星的数目，

是不会强迫它们飞过的。

现在，我去年老旧的烦忧是在哪里？

我难得想起它们。

我会说："不要管我吧，没有什么，"

假使有人到我房里来问我："什么啊？"

（戴望舒　译）

诗人小传

耶麦（1868-1938），法国后期象征派诗人，其诗风淳朴，却有一种谦和的美感，让人感动。法国诗人的皮埃尔·斯埃皮尔曾说过，耶麦的诗是"灵魂的浩叹""不息的心跳"。

品茗赏诗

冬天，是适合发呆痴想的时节。耶麦的《天要下雪了》，就是一段冬日的痴想。将要下雪的天气，触发诗人对去年的记忆。火炉旁边，他想起那段烦忧，想起沉重的雪和木烟斗。"现在，正如当时一样 我抽着一支琥珀柄的木烟斗。"这支木烟斗联系了过往和现在的时间，诗人的思绪在橡木烟斗的芬芳中继续飘散。他自觉愚蠢，为自己刻意变化的事情，为自己刻意回避的事情。在诗人看来，"想要赶开了那些我们知道的事情，也只是一种空架子罢了"。由此，他又想起很多徒劳或者不必要的事情。

比如两人的叙谈，甚至不如眼泪与接吻更能理解彼此，"而朋友的步履是比温柔的言语更温柔"。心灵的相通胜于言语的交流，其中蕴含着"此时无声胜有声"的意味，所以交谈是不必要的；再如为星星取名字，美丽彗星的数目，在诗人看来也是不必要的……这些诗句表现诗人对生活的无谓。但是，诗人终究没有那么超脱，他又困惑："我去年老旧的烦忧是在哪里？"不过这种困惑只属于他自己，不足为外人道。

时间像绵延不断的流水，诗人的思绪也如流水一般。在整首诗的结构上，呈现首尾呼应，也形成一个意识流的回环。在最后，诗人的回忆重又回到原点。耶麦的这首《天要下雪了》，没有虚夸矫饰，像行云流水一般，蕴含一种质朴的美感。戴望舒评价耶麦，说他"以他自己淳朴的心灵来写他的诗"，这首诗就是很好的体现。

消失的酒 / （法）瓦雷里

有一天，我在大海中，
（我忘了在天的何方，）
洒了一点美酒佳酿，
作祭奠虚无的清供……

美酒啊，谁愿你消亡？
我或许听了占士说？
或许顺我心的挂虑，
心想血液，手酹酒浆？

大海平素的清澄
起了蔷薇色的烟尘
又恢复了它的纯净……

美酒的消失，波浪酩酊！……
我看见苦涩的风中

奔腾着最深的姿容……

（戴望舒　译）

诗人小传

瓦雷里（1871-1945），法国象征派诗人，法兰西学院院士。瓦雷里在大学期间就表现出卓越的诗歌天赋，他的诗富于哲理，追求形式美，在当时享有盛誉。后来，瓦雷里决定放弃诗歌创作，献身于"纯粹的和无私的"知识。

品茗赏诗

向着浩渺无际的大海，诗人做了一个不经意的举动，向滔滔海浪洒了一点儿美酒，诗人说这是向"虚无"的献礼。但这一行为更像潜意识的激发，他也不禁思量，自己的动机到底为何？是因为受了占卜师的蛊惑，还是顺应内心的烦忧，想着鲜红的血液，却倒掉甘醇的美酒。红酒如血，在这里更是血的象征。在诗人内心里，或者是在以血献礼。

诗人看着美酒洒落，清澄的大海上飘起蔷薇色的烟尘。这种颜色的对比，呈现出一个如幻的意境。只是一瞬之间，"烟尘"消失，大海依然纯净。诗人再看那波涛汹涌的海浪，它们此起彼伏，像因为饮了美酒，而呈现酩酊踉跄的醉态。"美酒的消失，波浪酩酊"，前半句写实，后半句写虚，在虚实之间又有一种想象的关联，这一句的精妙之处颇堪玩味。诗的末句，所谓"苦涩的风"，内中象征着诗人苦涩的心境。风中"奔腾着最深的姿容"，不过是无尽的虚空。

瓦雷里作为法国象征主义诗派的代表诗人，其诗风含蓄蕴藉，别具质感。这首《消失的酒》以虚实相间的描述，精妙绝伦的隐喻，表现一个举止、一段冥思，也表现了诗人百无聊赖的心境。细细品读此诗，会渐渐被诗的意境感染。我们仿佛看到大海的航船上，临舷眺望的诗人，手持酒杯，心生怅惘……虽然所处场景不同，但是生活中的寂寥，我们总会时时感受到，诗人的心境我们也能略略体味。

回旋舞 / （法）保尔·福尔

假如全世界的少女都肯携起手来，

她们可以在大海周围跳一个回旋舞。

假如全世界的男孩都肯做水手，

他们可以用他们的船在水上造成一座美丽的桥。

那时人们便可以绕着全世界跳一个回旋舞，

假如全世界的男女孩都肯携起手来。

（戴望舒 译）

诗人小传

保尔·福尔（1872-1960），戴望舒称其为"法国后期象征派中的最淳朴，最光耀，最富于诗情的诗人"，保尔·福尔以民歌的形式写下大量诗作，其诗集足有32卷之多。保尔·福尔的诗作看似纯洁天真，却寄寓着无限深意，细加品味，回味无穷。

品茗赏诗

在保尔·福尔的一生中，经历了两次世界大战。炮火连天、血肉横飞，战争的残酷图景在诗人心中想必留有深刻印象，世界的团结和平成了他对未来的热烈期望。这首《回旋舞》即表现了诗人的这种期望。

回旋舞是法国民间的一种舞蹈，也是本诗的主要意象。在诗中，诗人分别用了三个假设。"假如全世界的少女都肯携起手来，她们可以在大海周围跳一个回旋舞"，我们的世界被浩瀚的海洋包围，"在大海周围跳一个回旋舞"，象征着在广阔的陆地边界携手；"假如全世界的男孩都肯做水手，他们可以用他们的船在水上造成一座美丽的桥"，突破陆地的边界，打破海洋的隔阂，实现更大范围的亲密联结，需要借助一座"桥梁"，如果全世界的男孩都发挥自己的力量，那么愿望就可能实现。

事实上，前两个假设可以视作互文关系。少男少女是新生的力量，是未来的主宰。诗人的双重假设，意在期望未来的世界人们可以互联互通，携手团结。"绕着全世界跳一个回旋舞"，就是这一期望的具体象征。但诗人未尝没有意识到，这种期望只是自己的美好愿望，实现它需要"少男少女们"真的团结起来。"假如全世界的男女孩都肯携起手来"，本诗的第三个假设，既有诗人对未来美好世界的深切期盼，也含有对愿望可能落空的无限怅惘。

启　程 / （法）阿波利奈尔

他们的脸儿白苍苍

他们的呜咽断不连

像皎洁的雪花一样

像你手在我吻上掩

秋叶一片片地下降

（戴望舒　译）

诗人小传

阿波利奈尔（1880-1918），法国未来派诗人。阿波利奈尔的诗作题材广泛，风格鲜明。1913年，他发表未来主义宣言《未来主义与反传统》，主张诗歌的革新，在诗歌形式上阿波利奈尔富于创新，他所写的立体诗影响很大。

品茗赏诗

我国南朝著名辞赋家江淹在《别赋》中写道，"黯然销魂者，唯别而已矣"。惜别之情是人类共通的情感，法国诗人阿波利奈尔的这首《启程》，表现了离别时的种种情态。

"他们的脸儿白苍苍，他们的呜咽断不连"，"他们"一词意味着这次"启程"有很多人。虽然没有过多说明，但却给我们很大的想象空间，这次"启程"或许是一次集体出征。临别之际，有着种种的不舍。看表情，是"脸儿白苍苍"，听声音，是"呜咽断不连"，诗人从声色两方面，实写离别时的痛苦神态，这比倾诉的话语更能传达内心情感，所谓"此时无声胜有声"。

在诗的第二节，诗人用两个比喻表现离别时秋叶飘落的情景。"像皎洁的雪花一样""像你手在我吻上掩"，它们共同的主体是秋叶的片片凋零。冬雪簌簌相比秋叶纷纷，飘落时的情态相似，"皎洁"则象征内心纯洁的情感；"你手在我吻上掩"虽然作为"秋叶一片片地下降"的喻体，但却是实写。离别时，内心中有很多言语诉说，但欲言时你的手却掩在我的唇上。心意相通，何必倾诉？无语的沉默更显深情。以手掩唇的动作，像秋叶飘落时的轻柔，诗人的这一类比十分传神。同时，"秋叶一片片地下降"也以生动的情景再现，渲染了离别时的感伤氛围。细细读来，这首《启程》虽然短小，却堪称精妙。

时间的群马 / （法）苏佩维艾尔

当时间的群马驻足在我门前的时候，

我总有点踌躇去看它们痛饮，

因为它们拿着我的鲜血去疗渴。

它们向我的脸儿转过感谢之眼，

同时它们的长脸使我周身软弱，

又使我这样地累，这样地孤单而恍惚，

因而一个短暂的夜便侵占了我的眼皮，

并使我不得不在心头重整精力，

等有一天这群渴马重来的时候，

我可以苟延残命并为它们解渴。

（戴望舒　译）

🌀 诗人小传

苏佩维艾尔（1884-1960），法国诗人，出生于乌拉圭的蒙得维的亚。苏佩维艾尔诗风独特，充满想象，有超现实的风格。

品茗赏诗

汉语中用"白驹过隙"来比如时间易逝，这首诗中苏佩维艾尔则用"群马"的意象来表现他对时间的感受。

时间是计量生命的标尺，它日夜奔流，未曾停驻，正如孔子发出的浩叹"逝者如斯夫，不舍昼夜"。但在现实中，我们常常把绵延不息的时间分割量化，以分秒计算，好像每一瞬间都是静止的。就像本诗第一句中，诗人感受到在人生的一瞬，时间仿佛"驻足"。此外，我们的生命本来裹挟在时间之流中，但诗人感受到"时间的群马驻足在我门前"，他以"门"的意象把"我"与"时间"进行区隔，意在跳脱时间之外去观照时间。

然而，这种对"时间"的直视却让诗人踌躇，诗人意识到"它们拿着我的鲜血去疗渴"。鲜血是生命的滋养，而"时间的群马"却像一群怪兽用其"疗渴"，这一意象表现了时间的流逝即是生命的消亡，诗人不愿意面对这种残酷。时间的存在往往由人们对"光阴易逝"的感受表现出来，时间赋予我们生命，却需要用生命来表现，所以"它们向我的脸儿转过感谢之眼"。

但时间就像蛇发美女美杜莎，轻易不能对视。诗人真切感受到时光消逝不可挽回，于是"周身软弱"，感觉"孤单而恍惚"。他转而借助短暂的睡眠，来养精蓄锐，以便再次直面"时间"的时候，能够以苟延残喘的生命和精力去应付。在《时间的群马》中，我们的生命仿佛不是时间赐予，而是我们拿生命为时间"献祭"。

深 渊 /（英）曼殊斐尔

隔离着你我的是一个沉默的深渊。

我站在渊的这边，你在那一边。

我见不到也听不到你，可知道你是在那里。

我再三提着你的小名儿呼唤你，

还把我也自己叫的回声当作你的答应。

我们如何填起这个深渊？

再不能用口，也不能用手。

我先前曾想我们许可以把眼泪

来填得它满满的。

现在我要用我们的笑声来

销毁了它。

（徐志摩　译）

诗人小传

曼殊斐尔（1888-1923），英国女诗人、短篇小说家。曼殊斐尔出生于新西兰威灵顿，15岁时离家来到英国伦敦，进入皇后学院学习，并开始进行写作。其主要成就在短篇小说创作上，代表作有《园会》《幸福》等。此外，曼殊斐尔也写下很多优秀的诗篇。1923年，曼殊斐尔因肺结核病逝于法国枫丹白露。

品茗赏诗

"一切诗歌都具有独白的性质"，曼殊斐尔的这首《深渊》看似是对"你"的倾诉，其实却是内心的独白，更像是诗人的爱情宣言。

"隔离着你我的是一个沉默的深渊"，这个深渊表现在内是两人心灵的隔阂，表现在外是无语的沉默。虽然见不到也听不到，但"我"意识到"你"在深渊另一边的存在，但是却呼喊不应。"再三提着你的小名儿"，表现出急切又爱恋的情感。"我也自己叫的回声当作你的答应"，这样自我欺骗的举动，更显出诗人极度的失落，但这也是绝望之中的些许安慰。

面临这样的"深渊"，诗人没有无动于衷，想要设法填满。但是"再不能用口，也不能用手"，"再不能"意味着之前用"口"与"手"的尝试失败，言语和行动在这条深渊面前已成徒劳。那么，诗人决定用什么样的方式呢？"我先前曾想我们许可以把眼泪来填得它满满的"，以热泪充盈未免太过悲情，也显得过分消极。于是诗人转变了想法，变得乐观积极，"要用我们的笑声来销毁了它"。虽然在她内心中"填平"或者"销毁"深渊，是"我们"共同的努力，但这所有一切都只是诗人的主观愿望，是她的自言自语。心中的那个"你"，因为"深渊"的隔阂并不能洞悉她的内心。

曼殊斐尔这首《深渊》所表现的情感，很像英国浪漫主义诗人拜伦的《春逝》："假如他日相逢，我将何以贺你？以眼泪，以沉默。"这两首诗都表现了两人之间既饱含深情，又相互隔阂的爱恋，都有迷人的韵致。

恋爱的风 / （西班牙）洛尔迦

有个苦味的根

有个千扇窗的世界。

最小的手也不能

把水的门打开。

哪里去？哪里去？哪里？

有千片平坛的天庭。

有苍白的蜜蜂的战斗。

还有一个苦味的根。

苦根。

苦痛的是脚底，

和脸面的里层。

苦痛在新砍伐的

夜的新鲜的树身。

恋爱啊，我的冤家。

我啃着你苦味的根。

（戴望舒　译）

诗人小传

洛尔迦（1898-1936），西班牙著名诗人。洛尔迦的诗吸收了西班牙民谣的风格，创作出一种全新诗体，当年他的诗歌在西班牙的广场上、小酒店里、村市上广为传唱，洛尔迦的诗作对世界文坛也产生深远影响。1936年8月，洛尔迦在西班牙内战中，被佛朗哥党徒秘密枪杀。

品茗赏诗

爱情不总是甜蜜的，有时也夹杂苦涩，洛尔迦的这首《恋爱的风》即用丰富的象征和隐喻来表现爱的苦涩。"苦根"是这首诗贯穿始终的意象，在诗的首句就出现，像中国古典诗歌中的起兴手法。第二句中"千扇窗的世界"，象征看似美好通透的爱情境界，但是"恋爱的风"却不得其门而入。"最小的手也不能把水的门打开"，水的形象是连绵不绝的，"水的门"暗喻冲决不开的情愁。

何处可以求得解脱？诗人连连发问。"有千片平坛的天庭，有苍白的蜜蜂的战斗"，看似美好的去处，总含蕴着爱情的苦楚，而处处摆脱不了的是"有一个苦味的根"。是的，"苦根"。第三节中的"苦根"既是诗意的强调，也是本诗结构上勾连前后的榫卯。

第四节中，诗人对爱情的苦痛有更多表现。"苦痛的是脚底"，人的脚底和草木的根相似，"脚底"和"根"是同类意象，表现爱情是苦痛的根源，这种苦痛是内心的隐衷，像"脸面的里层"。"苦痛在新砍伐的夜的新鲜的树身"，加诸"树身"上的这许多修饰无不表现苦恋的刻骨铭心，就像树身新近的伤痕。

在末节，诗人视这段爱恋为人生中的冤家，诗人咀嚼着爱情"苦味的根"，而我们在品读这首诗时，也能细细品味到诗人恋爱的苦涩。爱情本该是丰富的，就像甜腻之外的些许苦味。